FILMVERRÜCKTER UND SERIENJUNKIE

TEIL II

STARS, FILME UND SERIEN

ESSAYS

Für Astrid, Götz & Willi :-)

MARKUS HIRSCH

FILMVERRÜCKTER UND SERIENJUNKIE

TEIL II

STARS, FILME UND SERIEN

Essays

FSC
www.fsc.org
MIX
Papier aus verantwortungsvollen Quellen
Paper from responsible sources
FSC® C105338

Bibliografische Information der Deutschen Nationalbibliothek:
Die Deutsche Nationalbibliothek verzeichnet diese Publikation in der Deutschen Nationalbibliografie; detaillierte bibliografische Daten sind im Internet über http://dnb.dnb.de abrufbar.

Umschlaggestaltung: Foto von *Claudia Hirsch*

Herstellung und Verlag: BoD – Books on Demand, Norderstedt

*ISBN: 978-3-**7481-8548-2***

Inhalt

Vorwort

ANNIE MacLEAN (Kristin Scott Thomas)
Es war gar nicht so leicht, Sie hier zu finden. Ohne Hinweisschilder.
(I had a little bit of a hard time finding the place. There are no signs.)

TOM BOOKER (Robert Redford)
Hinweise gibt es genug. Die findet man nur nicht auf Schildern.
(Oh, there are plenty of signs, just not many of them printed.)

Apropos „*episch angelegte Besserwisserei*" :-)

(denn nichts anderes ist *eigentlich* auch die wunderbare und absolut sehenswerte 1998er-Robert Redford-Regie-Arbeit *The Horse Whisperer*/dt.: Der Pferdeflüsterer, Laufzeit: 163 Minuten, aus dem das obige Zitat stammt – im Übrigen auch, aber das nur nebenbei, *einer der besten Anti-Burnout-Filme aller Zeiten!* :-)).

Die drei Essays, die dieser Band, sozusagen die *Fortsetzung* der Essay-Sammlung *Filmverrückter und Serienjunkie*, enthält, sind recht *lang* geraten, ohne dass das vielleicht vorher so geplant war.

Aber: *Verzeihen Sie mir bitte, wenn Sie können!* :-).

Jedenfalls spiegeln die Essays die Auseinandersetzungen mit Film-Reihen, Schauspielern und Regisseuren wider, die mich, als Filmfan, schon seit mittlerweile Jahrzehnten begleiten und begeistern (*James Bond*-Reihe/*Indiana Jones*-Reihe/*Star Wars*-Reihe/Harrison Ford/Roman Polanski/Al Pacino) oder die mich zumindest in den letzten fünfzehn Jahren verstärkt interessiert haben (so wie die düster spektakulären *Batman*-Filme von Christopher Nolan oder die *James Bond*-Filme mit Daniel Craig).

Insofern waren diese Texte auch für mich persönlich kleine, wenn auch eben nicht unbedingt kurze :-), Reisen in meine Vergangenheit und Gegenwart - und Auseinandersetzungen damit, was mich sozusagen „*filmisch sozialisiert*" hat.

Mein größter Dank gilt vor allem wiederum meiner Frau Claudia, mit der ich es nicht nur genieße, ab und an

Robert Redford's *The Horse Whisperer* anzusehen :-), sondern, die sich abermals der Umschlaggestaltung des Essay-Bandes gewidmet hat.

M. H.

Daniel Craig in *Spectre* (2015; Regie: Sam Mendes): *Wie ein Flugdrachen in einem Hurricane* oder: Warum Craig's vierter Bond-Film in Wahrheit sein bester ist…

Ah, da sind *Sie* ja wieder! Da sind *wir* wieder. Ich freue mich – also lassen Sie's uns angehen…

BLOFELD (Christoph Waltz; zu „Dr. Madeleine Swann" Lea Seydoux)
Sie werden vermutlich wissen, dass James seine Eltern verloren hat, als er noch sehr klein war.
Aber wussten Sie auch, dass es mein Vater war, der ihm half, durch diese schwere Zeit zu kommen?

(*aus*: Sam Mendes' James Bond-Film *Spectre*; 2015)

Angesichts der etwas überkonstruierten und vielleicht sogar leicht abstrusen „familiären" Verbindungen, die sich da im Rahmen von Daniel Craig's viertem Auftritt als legendärer Geheimagent James Bond in *Spectre* auftun, ist man am Ende ein wenig froh, dass nicht auch noch Darth Vader daherkommt und behauptet, *er* wäre Bond's

Vater :-).

Ich weiß, es ist in gewisser Weise „in" geworden, *Spectre* nicht gut zu finden oder zumindest als „schwächer" zu empfinden als etwa den spektakulären *James Bond im Burn-out*-Film und Mega-Blockbuster *Skyfall* (2012; Regie: Sam Mendes) oder den innovativen *Wir machen jetzt alles anders als bei Pierce Brosnan*-Bond-Film *Casino Royale* (2006; Regie: Martin Campbell), der es bekanntlich geschafft hat, das kulturelle Phänomen „James Bond", das er ja schon seit den 60er-Jahren, seit den glorreichen Sean Connery-Zeiten, ist, wieder weltweit zu reanimieren und ganz neue Publikumsschichten zu erobern, von denen man nie gedacht hätte, dass man sie noch erreichen könnte. *Aber*: Der überraschend atmosphärische *Spectre* ist so etwas wie ein *„Bond-Film auf den zweiten Blick"*, ebenso wie im Übrigen auch Marc Forsters *Kurzfilm*-Bond (Laufzeit: *nur* 102 Minuten) *Quantum of Solace* (2008; Ein Quantum Trost), der sicherlich noch ein wenig unbeliebter ist als der Mendes-Film. Dazu später mehr…

Die Frage, wer James Bond, also die Rolle von „*Frankenstein's Monster*", wie Sean Connery es in einem Moment der dunkelsten *Anti*-Bond-Stimmung einmal ausgedrückt hat, gerade spielt oder spielen soll, ist eine zentrale im Filmbusiness. Und als seinerzeit lanciert wurde, dass Daniel Craig die Brosnan-Nachfolge antreten soll, eben nach dem seltsamerweise viel kritisierten, von mir persönlich aber sehr gemochten *Die Another Day* (2002; James Bond 007 - Stirb an einem anderen Tag; Regie: Lee Tamahori), hätte man ihn nicht mit mehr Vorschuss-*Häme* strafen können, als das der Fall gewesen ist. Nach dem Riesenerfolg von *Casino Royale* war Craig dann allerdings, wie das, naja, halt oft so ist, plötzlich für fast alle der Größte, zumindest der „*beste Bond nach Sean Connery*" (oder so ähnlich :-)), wenngleich sich natürlich niemand ernsthaft getraut hat, Connery, der halt weiterhin die unangefochtene Nummer 1 ist, gar keine Frage :-), die Pole-Position abzuerkennen.

Daniel Craig hin oder her. Eines ist auch klar: Man kann sicherlich nicht über James Bond und über James Bond-Filme schreiben, ohne auf ein paar Highlights der Serie und ohne auf die einzelnen Bond-Darsteller einzugehen.

Nichts, aber schon absolut gar nichts, geht bis heute über die beiden ersten Bond-Filme *Dr. No* (1962; James Bond – 007 jagt Dr. No; Regie: Terence Young) und *From Russia with Love* (1963; James Bond 007 - Liebesgrüße aus Moskau; Regie: Terence Young). Dieser Meinung, die auch Daniel Craig einmal in der *Casino Royale*-Zeit in einem Interview zum Besten gegeben hat, kann man sich *uneingeschränkt* anschließen.

Schon in *Dr. No* ist Connery ein unglaublich „cooles Raubtier“ mit recht hohem Body-Count und, wenn man so will, erstaunlichem „Frauenverschleiß“, und wenn er das erste Mal die berühmten Vorstellungsworte „*Bond. James Bond*“ sagt, im Übrigen zu der erst kürzlich verstorbenen britischen Schauspielerin Eunice Gayson (1928-2018), dem einzigen so genannten „*Bond-Girl*“, das in zwei Filmen (*Dr. No*; *From Russia with Love*) in der gleichen Rolle, nämlich als Bond's „love interest“ Sylvia Trench, vorkommt, dann ist das *einer der ganz ganz großen Momente der Filmgeschichte*, ein Moment, der ein Phänomen in Gang gesetzt hat, das bis heute andauert und das ganzen Generationen von Filmfans auch bis in die Gegenwart hinein etwas bedeutet.

Überhaupt ist Connery in *Dr. No* und in *From Russia with Love* nicht nur in absoluter körperlicher Topform, und außerdem noch ohne Total-Toupet, also noch mit etwas Eigenhaar :-), unterwegs, sondern scheint natürlich auch seiner Agenten- und Profikiller-Rolle noch nicht überdrüssig zu sein, zu der ihm ja eine Art Hass-Liebe verbindet. Man könnte sagen, dass die beiden späteren Connery-Bond-Filme *Diamonds Are Forever* (1971; James Bond 007 - Diamantenfieber; Regie: Guy Hamilton) und das, aus rechtlichen Gründen, außerhalb der offiziellen Serie entstandene *Thunderball* (1965; James Bond 007 - Feuerball; Regie: Terence Young)-Remake *Never Say Never Again* (1983; Sag niemals nie; Regie: Irvin Kershner), mit Klaus Maria Brandauer als Bösewicht „Largo", irgendwie Ausdruck dieser Hass-Liebe sind. Auf jeden Fall hat sich Connery in beiden Fällen dafür fürstlich entlohnen lassen, dass man seine *eigentliche* Verachtung der Bond-Rolle in jeder einzelnen Szene der Filme förmlich spürt. Das ist zumindest der Eindruck, den *ich* bei der Betrachtung von *Diamonds Are Forever* und *Never Say Never Again* jedes Mal habe, wenngleich beide Werke dennoch einen gewissen Spaß-Faktor oder Unterhaltungs-Quotienten besitzen.

Aber zurück zu *Dr. No*.

Aus heutiger Sicht ist es vielleicht nicht schwer zu verstehen, aber dennoch leicht komisch, dass der Bond-Erfinder Ian Fleming (1908-1964) ursprünglich so gar keine

Freude mit der Tatsache hatte, dass Sean Connery die Rolle seines von ihm erfundenen *Lizenz zum Töten*-Geheim-Agenten übernehmen sollte. Der Schriftsteller hielt den Ur-Bond Connery schlicht und einfach eher für eine Art schottischen „Proleten" und hätte sich viel lieber David Niven oder Roger Moore in der Rolle gewünscht. Letzterer, Moore (1927-2017), der Anfang der 60er noch in seinem *Simon Templar*-TV-Serien-Vertrag feststeckte (*Anmerkung*: Diese hervorragende britische Serie, Originaltitel: *The Saint*, lief von 1962 bis 1969), sollte die Rolle bekanntlich dann in den 70ern übernehmen, und das unglaublich erfolgreich. Aber auch Niven (1910-1983) kam noch irgendwie zu Bond-Ehren und spielte schließlich in der etwas durchwachsenen und chaotisch geratenen Agentenfilm-Parodie *Casino Royale* aus dem Jahr 1967 (Regie: Val Guest, John Huston u. a.) die Rolle des „Sir James Bond" (und Woody Allen, der auch am Drehbuch beteiligt war, die Rolle des „Jimmy Bond" :-)).

Sehr bald aber hatte auch Fleming einsehen müssen, dass Connery die richtige Wahl war und der Rolle eine unverwechselbare Härte und vor allem Coolness verlieh, die das ikonische Potential der Leinwandfigur sofort herausarbeitete. Großartig auch jene Szene in *Dr. No*, in der Connery emotionslos den von Anthony Dawson gespielten Dr.

No-Kollaborateur „Professor Dent“ erschießt. Eine Tötung, die von folgendem Dialog umrahmt wird:

JAMES BOND

Für wen arbeiten Sie, Herr Professor?

PROFESSOR DENT

Ich verrat's Ihnen. Als toter Mann können Sie nichts mehr damit anfangen.

Ich arbeite für...

(hebt seine Waffe von einem Bettvorleger auf und versucht, auf Bond zu schießen; der Versuch misslingt, weil die Waffe offenbar bereits leer ist)

JAMES BOND

Sie haben eine sechs-schüssige Smith Wesson, und die sechs Dinger sind in der Matratze.

(erschießt den Professor, schraubt seinen Schalldämpfer ab und bläst kurz in diesen hinein, als ob er ihn abkühlen wolle)

Natürlich ist die ganze Szene in englischer Originalsprache noch besser, denn Connery sagt, bevor er schießt, am Ende lediglich: „*It's a Smith & Wesson. And you've had your six.*"

Nanu, bisher kein Wort über Ursula Andress?

Wenn Sie sich das jetzt denken, so kann ich das verstehen, denn Andress gilt ja als *die* Bond-Girl-Ikone schlechthin, als das *Ur-Bond-Girl*, deren legendärer Bikini-Auftritt im karibischen Meer sicherlich einer der ganz großen und auch später in der Bond-Serie (in *Die Another Day* tut es Halle Berry Ursula Andress nach, in *Casino Royale* witzigerweise sogar James Bond, also Daniel Craig, selbst – aber natürlich erhebt sich dieser *nicht* in einem Bikini, sondern in einer *Badehose* aus dem Wasser :-)) immer wieder zitierten *ikonischen Momente* der gesamten Serie ist. Das „beste Bond-Girl", wie oft behauptet wird, ist Andress aber für mich ganz persönlich jedoch nicht. Sie ist, als „Honey Ryder" (im Übrigen ein herrlich „emanzipierter" Name, so wie der von vielen Bond-Girls :-)), absolut okay, sicherlich auch „sexy", aber auf eine leicht seltsame, etwas verschrobene Art, wie das bei der Schweizerin Ursula Andress ohnehin stets der Fall war.

Wenn es schon darum geht, das *beste* Bond-Girl zu wählen, dann fällt mir zum Beispiel da eher Diana Rigg, die absolut unvergessliche und legendäre „Emma Peel" aus der britischen TV-Serie *The Avengers* (1961-1969; Mit Schirm, Charme und Melone), ein, die in *On Her Majesty's Secret Service* (1969; James Bond 007 – Im Geheimdienst ihrer Majestät; Regie: Peter Hunt), einem der *heimlichen* Meisterwerke der Serie (wenn da bekanntlich nicht der *wirklich* schlechte Hauptdarsteller George Lazenby und der aus meiner Sicht unerträgliche „Blofeld" Telly Savalas wären), die lebensmüde und melancholische Contessa Teresa „Tracy" di Vincenzo spielt, die es am Ende sogar schafft, von Bond geheiratet zu werden. Die Schlussszene, in der Bond erkennen muss, dass seine nunmehrige Ehefrau Tracy von den Kugeln tödlich getroffen wurde, die Blofeld's Mitstreiterin Irma Bunt (Ilse Steppat) im Vorbeifahren auf das Flitterwochen-Fahrzeug der beiden abgefeuert hat, ist einfach nur berührend und großartig, genauso berührend und großartig wie Bond's Worte, die er an einen Motorrad-Polizisten richtet, der kurz nach dem Vorfall zufällig vorbeikommt. Aus dem Grund, dass der englische Originaltext auf den Titel des wunderbaren Louis Armstrong-Songs *We Have All the Time in the World* (Text: Hal David/Musik: John Barry) anspielt, der sozusagen das Leinwand-Liebespaar Lazenby/Rigg durch den Film begleitet, sei er an dieser Stelle auch zusätzlich angeführt:

JAMES BOND

Alles in Ordnung.
Es ist alles in Ordnung.
Sie ruht sich nur etwas aus.
Wir fahren gleich weiter.
Wir sind nicht in Eile.
Wir haben unendlich viel Zeit.

(It's all right.
It's quite all right, really.
She's having a rest.
We'll be going on soon.
There's no hurry, you see?
We have all the time in the world.)

Wie bereits angedeutet, der Film ist irgendwie auch ein Meisterwerk, vielleicht ein gar kein so „heimliches", wie ich oben gemeint habe, denn er rangiert auf allen *Bond-Bestenlisten* stets an den vorderen Stellen. Vor allem die Kameraarbeit von Michael Reed muss man als *hervorragend* bezeichnen, was sich in einigen wirklich eindrucksvollen Bildern ausdrückt, wie zum Beispiel in dem Bild zu

Beginn des Films, in dem man sozusagen nur die Perspektive des Fadenkreuzes sieht, durch das hindurch Lazenby die lebensmüde Diana Rigg beobachtet, die gerade versucht, im Meereswasser Selbstmord zu begehen. Ein definitiver Makel bleibt aber bestehen, jenseits der Geschmacksfrage, ob Telly Savalas ein guter Blofeld ist: Der *Einmal-Bond* George Lazenby, der in keiner Sekunde verheimlichen kann, dass er nicht gerade ein schauspielerisches Supertalent ist. Seine witzigen, selbstironischen Worte, die ihm da die Drehbuchautoren Richard Maibaum und Simon Raven in den Mund gelegt haben, als er erkennen muss, dass ihm Diana Rigg entfleucht ist, und das noch dazu nach ihrer Rettung durch ihm vor dem Suizid und vor dem Angriff von ein paar Schurken (in Wahrheit Männer in Diensten von Tracy's Vater, dem Chef eines Verbrechersyndikats), die plötzlich ebenfalls am Strand aufgetaucht sind, wirken letztendlich wie eine bittere Selbsterkenntnis darüber, dass ihm in der Rolle keine Zukunft beschert war: *This never happened to the other fellow* („Das wär dem anderen nie passiert").

From Russia with Love, Connery's zweiter Bond, besticht bis heute mit einer aus meiner Sicht *unvergleichlichen* Kalter Krieg-Atmosphäre. Die Bond-Figur selbst ist ja ohnehin vor allem als „Waffe des Kalten Krieges“ konzipiert worden und macht als solche auch am allermeisten Sinn. Aber generell könnte man sagen, dass *From Russia with Love* bis heute der *atmosphärischste aller Bond-Filme* geblieben ist.

Großartig ist zum Beispiel auch jene Szene, in der Bond seinem Freund, dem verwundeten Geheimdienstchef „Ali Kerim Bey“, dabei behilflich ist, einen russischen Geheimdienstmann zu erschießen, der mitten in der Nacht aus dem sich plötzlich öffnenden Mund von Anita Ekberg klettert, deren abstrahiertes Antlitz sich auf einem riesigen Filmplakat zu der Bob Hope-Farce *Call Me Bwana* (1963; Bob auf Safari; Regie: Gordon Douglas; produziert von *Bond-Produzent* Albert R. Broccoli) befindet. Bond schießt dabei allerdings nicht selbst, sondern stellt sozusagen nur seine Schulter als Abstützhilfe für das bei der Tötung verwendete zerlegbare „Scharfschützengewehr mit Infrarotstrahlen“ zur Verfügung, welches Teil des Aktenkoffers ist, den ihm die berühmte *Q*-Abteilung (Major Boothroyd, also „Q“, wird hier bereits von Desmond Llewelyn gespielt, der die Rolle dann 36 Jahre lang, bis 1999, also bis einschließlich Michael Apted’s *The World Is Not Enough*/dt.: James Bond 007 - Die Welt ist nicht genug, dem dritten Brosnan-Bond, spielen sollte) für seinen Auftrag mitgegeben hat. Dieser Aktenkoffer kann auch als erstes *Gadget* („technische Spielerei“) der Bond-Serie bezeichnet werden, das in einer Mission Bond’s Verwendung findet. Legendär sind natürlich auch die Schuhspitzen der mittlerweile für S.P.E.C.T.R.E. (***Sp****ecial* ***E****xecutive for* ***C****ounter Intelligence,* ***T****errorism,* ***R****evenge,* ***E****xtortion*; engl. für *Schreckgespenst*) arbeitenden ehemaligen sowjetischen Geheimdienstchefin Rosa Klebb (gespielt von Lotte Lenya), in denen sich eine verborgene und mit Gift versehene Springklinge befindet, mit der Klebb am Ende des Films schließlich auch Bond attackiert.

Der absolute Höhepunkt von *From Russia with Love* ist gleichzeitig aber auch ein absoluter Höhepunkt des Action-Kinos (und das nicht nur des Action-Kinos der 60er-Jahre!): Der denkwürdige *Mann gegen Mann-Fight* im Zugabteil zwischen Sean Connery und „Donald *Red* Grant“ Robert Shaw, dem Killer und SPECTRE-Gefolgsmann mit der Garotte in der Armbanduhr. Dieser Kampf, zweifellos eben *einer der mitreißendsten der Filmgeschichte*, ist wahrlich sagenhaft choreographiert und inszeniert. Überhaupt merkt man in dem Bond-Film erst, dass der britische Schauspieler Robert Shaw (1927-1978), der für seine Rolle als König Heinrich VIII. in Fred Zinnemann's *A Man for All Seasons* (1966; Ein Mann zu jeder Jahreszeit) für den Nebenrollen-Oscar nominiert wurde, ein erstaunliches Leinwand-Charisma besessen hat, das, Rollen-bedingt, in Filmen wie *Jaws* (1975; Der weiße Hai; Regie: Steven Spielberg) oder *The Taking of Pelham One Two Three* (1974; Stoppt die Todesfahrt der U-Bahn 1-2-3; Regie: Joseph Sargent) nicht so intensiv zum Ausdruck gekommen ist beziehungsweise sich mir persönlich nicht so erschlossen hat, wie durch die Rolle des Killers „Red" Grant in *From Russia with Love*.

Stellen Sie sich vor, jemand würde *heutzutage* eine Frauenfigur in einem Film „Pussy Galore" taufen! :-)

Nun, die Tatsache, dass die wunderbare und stets tough daherkommende Honor Blackman, die, als „Dr. Catherine Gale", genauso wie „Emma Peel" Diana Rigg, einst mehr als emanzipierte Partnerin von „John Steed" Patrick Macnee in *The Avengers* war, die Rolle der Pussy Galore spielt (laut Ian Fleming's 1959 erschienenem James Bond-Roman *Goldfinger* die einzige Frau in den Vereinigten Staaten, die einer „organized crime gang" vorsteht), ließ natürlich aber schon in den 60er-Jahren gleich alle Befürchtungen verschwinden, dass die Filmfigur womöglich *nur* ihrem albernen Namen alle Ehre machen könnte und sich in eine Reihe eher naiv daherkommender Bond-Gespielinnen einordnet :-). Blackman durfte sozusagen in der Rolle der Chefin der Flugstaffel „Pussy Galore's Flying Circus“ durchaus ihr Gesicht wahren. Dennoch konnten es sich natürlich auch die Drehbuchautoren Richard Maibaum und Paul Dehn nicht verkneifen, in ihr Skript zu dem Guy Hamilton-Film *Goldfinger* (1964; James Bond 007 - Goldfinger), der Bond erst so richtig in den Status eines weltweiten Kulturphänomens erhoben hat, ein paar Witze einzubauen, die auf die offensichtlich sexuelle Konnotation des Namens „Pussy Galore“ anspielen.

Als Bond in einem von Auric Goldfinger's (Gert Fröbe in einer *legendären* Performance!) Flugzeugen erwacht, mit dem er, als Goldfinger's Geisel, in die Staaten gebracht werden soll, sieht er, was sozusagen auch durch die subjektive Kamera zum Ausdruck gebracht wird, als erstes gleich Honor Blackman's Gesicht und es entsteht folgender Dialog:

JAMES BOND

Wer sind Sie?

PUSSY GALORE

Ich bin Pussy Galore.

JAMES BOND

(dreht sich in seinem Sitz zur Seite und scheint über den eindeutig zweideutigen Charakter des Namens, dabei in sich hineingrinsend, nachzudenken)

Das muss ein Traum sein.

Goldfinger gilt ja gemeinhin, und das drückt auch dessen Spitzenpositionierung in vielen Bond-Fan-Votings aus, als „*bester Bond aller Zeiten*“. Ich selbst schätze *Goldfinger*, zähle ihn aber *nicht* unbedingt zu meinen absoluten Favoriten. Der Film hat, nach einem recht rasanten Beginn, sogar gewisse Längen. Und der berühmte Titelsong *Goldfinger*, gesungen von Shirley Bassey, hat mir ohnehin nie gefallen. Der Song zählt für mich sogar zu den schwächeren, „nervigeren“ Bond-Songs. Auch wenn man Songs aus den 60ern nicht unbedingt gut mit Songs neueren Datums vergleichen kann, so hat man dann eben doch gewisse musikalische Präferenzen – und die haben bei mir tendenziell, nehmen wir da mal gewisse Album-Meisterwerke von *Led Zeppelin* und den *Beatles* sowie den *Rolling Stones* und

AC/DC aus :-), eher ein Spektrum, das von den 80ern bis in die Gegenwart reicht. Meine *Lieblings-Bond-Film-Songs* sind demnach eher *A View To A Kill* (1985) von *Duran Duran*, dieser großartige Titelsong zu Roger Moore's letztem Bond, *The Living Daylights* (1987) von *a-ha*, ein Song, der Timothy Dalton's Einstand musikalisch begleitete, und auf jeden Fall auch das hippe *Another Way To Die* (2008), der Titelsong zu *Quantum of Solace*, gesungen von Alicia Keys und *White Stripes*-Mastermind Jack White, der das Ganze auch geschrieben hat.

Goldfinger bietet aber andererseits als Film auch so einiges. Nämlich: Regelrecht *ikonische* Bond-Film-Szenen (man denke da nur an die komplett mit Gold überzogene Leiche von „Jill Masterson" Shirley Eaton), teilweise sehr amüsante Dialoge und einen Aston Martin, der bekanntlich voller Überraschungen steckt. Außerdem verfügt der Film, dank Gert Fröbe (1913-1988), über einen sehr guten Bösewicht.

Was die angesprochenen „amüsanten Dialoge" betrifft, sei hier noch ein Beispiel aus einer Szene zu Beginn des Films angeführt, die stattfindet, nachdem Bond das Drogenlabor in einem südamerikanischen Land in die Luft gejagt hat. Die Kneipen-Tänzerin, mit der sich Bond in deren

Zimmer sexuell vergnügen möchte, steigt aus der Badewanne und will ihn umarmen, lässt ihn aber, weil sie das Metall von Bond's Waffe, die er in einem Schulterhalfter trägt, offenbar als zu kalt empfindet, gleich wieder los.

TÄNZERIN

Wieso trägst du eigentlich immer dieses Ding?

JAMES BOND

Ich habe einen kleinen Minderwertigkeitskomplex.

Haben Sie Ernst Stavro Blofeld, den Chef und die sogenannte „Nr. 1" von SPECTRE, auch irgendwie immer eher als einen „Idioten mit Perserkatze" empfunden, und nicht als wirklich gelungene Schurken-Figur?

In der Rolle dieses Super-Schurken Blofeld macht man sich als Schauspieler ohnehin leicht lächerlich und setzt sich der Gefahr aus, lediglich eine Parodie auf einen Super-Schurken zu spielen, eine Karikatur zu geben. Aber das Karikaturartige ist zweifellos ohnehin schon *grundsätzlich* in Ian Fleming's literarischer Figur angelegt (und wohl auch grundsätzlich in jedem so genannten Super-Schurken).

Lediglich dem zweifachen Nebenrollen-Oscar-Preisträger Christoph Waltz (Nebenrollen-Oscars für Quentin Tarantino's *Inglourious Basterds* und *Django Unchained*, erschienen 2009 bzw. 2012) in *Spectre* gelingt es *irgendwie*, dieses „Blofeld-Problem" zu umschiffen. Deshalb ist er für mich nicht nur deutlich vor den anderen Blofeld-Darstellern Donald Pleasence, Telly Savalas, Charles Gray und Max von Sydow einzuordnen, sondern überhaupt gleich der *einzig glaubwürdige Blofeld der Bond-Geschichte*. Eine erstaunliche Tatsache, auf die ich dann näher in Teil 3 dieses Artikels eingehen werde.

Thunderball aus 1965, der *megaerfolgreiche* vierte Bond-Film mit Sean Connery und, nach *Dr. No* und *From Russia with Love*, auch dessen bester, löst das „Blofeld-Problem", wie im Übrigen auch *From Russia with Love*, ein wenig dadurch, dass das Gesicht des Super-Schurken im Film einfach nicht gezeigt wird, sondern lediglich der Körper und die Perserkatze :-). Eine Tatsache, die diesem zentralen Bond-Film wirklich guttut.

Darüber hinaus ist *Thunderball* aber *Blockbuster-Kino in Vollendung*, das mich noch heute bei jedem Ansehen zu Begeisterungsstürmen hinreißt. Der ganze Film hat etwas

Großes, Weltumspannendes, „Glamouröses" an sich hat, er riecht förmlich nach *Blockbuster* und Riesen-Kassenerfolg. Und würde man sich das damalige Einspielergebnis von über 140 Millionen Dollar inflationsbereinigt vor Augen führen, dann hätte man es mit *einem der erfolgreichsten Filme aller Zeiten* zu tun, mit einem Kino-Hit im Ausmaß von *Skyfall*, der weltweit über 1,1 Milliarden Dollar lukrierte.

Der unwiderstehliche und coole 60's-Look von *Thunderball* (Kamera: Ted Moore), der übrigens auch ein Film ist, der über eine wirklich *exzellente Musikdramaturgie* verfügt, ist einmalig und hat immer wieder „filmische Nachahmungstäter" animiert. So hat etwa Guy Ritchie's leider schwer gefloppter Agentenfilm *The Man from U.N.C.L.E.* (2015; Codename U.N.C.L.E.) mit „Napoleon Solo" Henry „*Man of Steel*" Cavill und „Illya Kuryakin" Armie „*The Lone Ranger*" Hammer, ein Remake der gleichnamigen Fernsehserie mit dem deutschen Titel *Solo für O.N.C.E.L.* (1964-1968) mit Peter Vaughn und David McCallum, eine an *Thunderball* erinnernde „Retro-Optik", die auch von Seiten der Kritik, die dem Ritchie-Film größtenteils ohnehin sehr positiv gegenübergestanden ist, immer wieder lobend erwähnt wurde. Aber auch Mendes' *Spectre* aus 2015 hat so einige Momente, bildlicher und auch atmosphärischer Natur, in denen man sich an den letztendlich genialen *Thunderball* erinnert fühlt.

Selbst Bond's im Laufe der Filmserie ohnehin immer stärker zur Schau gestellter Machismo und Chauvinismus macht in Terence Young's Film noch irgendwie Spaß, ganz im Gegensatz etwa zu dem Machismo und Chauvinismus in dem bereits angesprochenen späteren Connery-Bond *Diamonds Are Forever*, der letztendlich auch recht haarsträubende homophobe Tendenzen hat (denken Sie in diesem Zusammenhang an die wirklich tendenziöse Darstellungsweise des homosexuellen Killer-Pärchens „Mr. Kidd" und „Mr. Wint", gespielt von Putter Smith und Bruce Glover). Aber letztendlich ist *Diamonds Are Forever* in der deutschen Fassung auch ein Opfer der selten dämlichen deutschen Synchronisation geworden. Die Highlights dieser die Originalfassung entstellenden deutschen Synchro bleiben immer noch die Sätze *Sie hätten Bademeister werden sollen, 007* (gesprochen von Blofeld; im Original: *Making mud pies, 007?*) und *Tiffany, mein Schatz. Du hast ja so ein eckiges Döschen im Höschen* (ebenfalls ein Blofeld-Klassiker in deutscher Sprache :-); im Original: *Tiffany, my dear. We're showing a bit more cheek than usual, aren't we?*).

Hier noch ein amüsanter Dialog aus *Thunderball*, der auf Bond's scheinbar *unstillbaren sexuellen Appetit* anspielt. Bei der Verabschiedungsszene vor dem englischen Sanatorium, in dem Bond zur Erholung war, in dem aber letztendlich alle die Haupt-Handlung des Films betreffenden Dinge in Gang gesetzt wurden, kommt es also zwischen Bond und der Sanatoriums-Krankenschwester Patricia Fearing (gespielt von Molly Peters) zu folgendem Wortwechsel:

JAMES BOND

Wir sehen uns wieder.

PATRICIA FEARING

Wann du willst und wo du willst, James.

JAMES BOND

Ich will eigentlich immer. Ich hab nur so wenig Zeit.

Die Abnabelung von der nicht gänzlich von ihm geliebten Bond-Rolle war für Sean Connery, der ja letztendlich auch ein wirklich *begnadeter* Schauspieler ist, keine ganz leichte. Die Versuche, vom anscheinend erdrückenden

Bond-Image wegzukommen, waren so vielfältig wie teilweise kommerziell unbefriedigend.

Interessante 70er-Jahre-Filme mit Connery, wie zum Beispiel das Sidney Lumet-Psycho-Thriller-Meisterwerk *The Offence* (1972; Sein Leben in meiner Gewalt), in dem Connery einen Cop spielt, der einen des sexuellen Missbrauchs von zahlreichen Mädchen verdächtigten Mann (gespielt von Ian Bannen) im Laufe des Verhörs tötet, oder der ebenso merkwürdige wie prätentiöse Science Fiction-Film *Zardoz* (1974; Regie: John Boorman), konnten genauso wenig wie etwa John Huston's anspruchsvoll-depressiver Abenteuerfilm *The Man, Who Would Be King* (1975; Der Mann, der König sein wollte) oder Richard Lester's *Robin Hood und Lady Marian als Senioren*-Film *Robin and Marian* (1976; Robin und Marian) an frühere Connery-Erfolge anknüpfen.

Lediglich als Teil eines großen Star-Ensembles, wie in der formidablen Agatha Christie-Verfilmung *Murder on the Orient Express* (1974; Mord im Orient-Express; Regie: Sidney Lumet) oder in dem Kriegsfilm *A Bridge Too Far* (1977; Die Brücke von Arnheim; Regie: Richard Attenborough), konnte die lebende Bond-Legende Connery Kassenerfolge für sich verbuchen.

In den 80ern allerdings, nach seinem Bond-Comeback in *Never Say Never Again*, avancierte Connery in Hollywood zu einer Art heiß begehrtem „Elder Statesman“, der an der Seite jüngerer Hauptdarsteller zahlreiche Kassenhits aufwertete. Die berühmtesten Beispiele hierfür sind natürlich *Highlander* (1986; Highlander – Es kann nur einen geben; Regie: Russel Mulcahy) mit Co-Star Christopher Lambert, *The Untouchables* (1987; The Untouchables - Die Unbestechlichen; Regie: Brian De Palma) mit Co-Star Kevin Costner (Nebenrollen-Oscar für Connery!) und, am allerwichtigsten, *Indiana Jones and the Last Crusade* (1989; Indiana Jones und der letzte Kreuzzug; Regie: Steven Spielberg), in dem Connery (Jahrgang 1930) mit Co-Star Harrison Ford (Jahrgang 1942) das *beste und unterhaltsamste Vater-Sohn-Duo der Filmgeschichte* gibt. Aber auch der Michael Bay-Action-Kracher *The Rock* (1996; The Rock – Fels der Entscheidung), in dem Connery an der Seite von Nicolas Cage gegen Terroristen auf der Gefängnisinsel Alcatraz kämpft, ist ein Highlight in der Filmographie des älteren Connery, dem es dort nämlich gelingt, die Michael Bay-Don Simpson-Jerry Bruckheimer-Film-typische Hysterie zu entschärfen und dem Film so etwas wie *echten Stil* zu verleihen.

Aber **ein** *Bond-Film mit Connery ist doch bisher unerwähnt geblieben!*

Richtig! :-)

Der üppig ausgestattete *You Only Live Twice* (1967; James Bond 007 – Man lebt nur zweimal; Regie: Lewis Gilbert) hat zwar so seine Momente, so wie zum Beispiel die natürlich nur *vermeintliche* Ermordung Bond's und seine „Wiederauferstehung" zu Beginn des Films oder die Szene, in der Bond mit einem Samurai-Schwert attackiert wird, oder den Luftkampf von „Little Nellie", Bond's „Ein Mann-Mini-Traghubschrauber", mit den SPECTRE-Helikoptern, aber unterm Strich wirkt Connery darin eher wie ein „James Bond mit leichten Ermüdungserscheinungen". Natürlich kriegt mich, der ich seit Ewigkeiten ein Fan des asiatischen Kinos bin, der Film jedes Mal ein wenig mit seinen darin vorkommenden Ninja-Kämpfern, den Samurai-Schwertern und den Shurikens (*Anmerkung*: Ein „Shuriken" ist ein Wurf- oder Ninja-Stern).

ABER: Connery verkleidet als Japaner, das ist dann doch zu viel… :-).

II

CAMILLE (Olga Kurylenko)

Sie haben etwas erschreckend Effizientes an sich.

JAMES BOND (Daniel Craig)

War das ein Kompliment?

(*aus*: Marc Forster's James Bond-Film *Quantum of Solace*; 2008)

Dieses Zitat aus dem grimmig-rabiaten „Bond-Quickie" *Quantum of Solace*, dem kürzesten Bond-Film aller Zeiten, inszeniert von *Monster's Ball* (2001)-Regisseur Marc Forster, könnte die Sache nicht besser auf den Punkt bringen: Daniel Craig gibt Bond als reichlich effiziente „Kampfmaschine" mit zeitweiliger *Terminator*-Attitüde, wenngleich er dann auch wieder mehr *Gefühl* zeigen darf als sämtliche seiner Vorgänger.

Bevor aber Craig das schwierige Bond-Zepter von Pierce Brosnan übernehmen durfte und sich, neben *Quantum of Solace*, auch durch die weit epischer angelegten

Filme *Casino Royale*, *Skyfall* und *Spectre* berserkerte, litt die Bond-Serie über zwei Jahrzehnte ein wenig an einer *Post-Connery-Depression.*

Genauso wie es „in“ ist, *Spectre* nicht gut zu finden, ist es leider irgendwann „in“ geworden, Roger Moore als James Bond nicht gut zu finden und seinen Beitrag zu der Film-Serie, der, allein schon *kommerziell* betrachtet, *riesig* ist, reichlich unreflektiert abzuwerten. Auch der große Sean Connery hat sich diesem „Roger Moore-Bashing“ nie angeschlossen und war stets der Meinung, dass Roger Moore, der Bond schließlich in sieben Spielfilmen (von 1973-1985) verkörpern durfte und der sicherlich von seinem ganzen Aussehen her grundsätzlich etwas eleganter rüberkommt als Connery, für die Rolle des James Bond weit besser passt als er selbst.

Ich persönlich konnte dieses ganze „Moore-Bashing“ ohnehin nie verstehen, denn Moore war schließlich der Bond, mit dem ich aufgewachsen bin. Für mich war in den 80ern einfach Roger Moore „James Bond“, Punkt, und ich musste mich jahrelang erst davon überzeugen lassen, dass *eigentlich* Sean Connery der beste Bond-Darsteller war.

Moore's erster Bond-Auftritt ist auch gleichzeitig sein bester. *Live and Let Die* (James Bond 007 - Leben und sterben lassen; Regie: Guy Hamilton) von 1973 ist für mich *einer der unterhaltsamsten Filme aller Zeiten*. Und wenn man nicht mit solchen Superlativen arbeiten möchte, dann ist er zumindest der *unterhaltsamste Sonntagnachmittags-Film überhaupt* :-). Die ganzen Blaxploitation- (*Anmerkung*: „Blaxploitation-Filme" sind aus der Sicht von Afroamerikanern gedrehte „Exploitation-Filme", eine Umschreibung für Billigproduktionen mit expliziten Darstellungen) und Voodoo-Elemente darin machen großen Spaß, genauso wie die berühmte Verfolgungsjagd mit Booten durch diverse Bayous (US-Südstaaten-Bezeichnung für langsam fließende oder stehende Gewässer) in Louisiana. Moore, der stets ein angenehm „leichter", mit Augenzwinkern agierender Bond war, wirkt in *Live and Let Die*, zu dem der „*Beatles*-Bassist" :-) Paul McCartney mit seiner damaligen Band *Wings* den gleichnamigen Titelsong beigesteuert hat, irgendwie frisch und unverbraucht, viel frischer und unverbrauchter als Connery in dem seltsamen *Diamonds Are Forever*, und dies, obwohl Moore sogar zwei Jahre älter als der 1930 geborene Connery war.

Neben *Live and Let Die*, den ich, gemeinsam mit *Dr. No*, *From Russia with Love*, *Thunderball* und *Spectre*, zu meinen absoluten Lieblings-Bond-Filmen zähle, habe ich aus der Roger Moore-Ära aber immer auch den herrlichen *Over the Top-James Bond im Weltraum*-Bond-Film *Moonraker* (1979; James Bond 007 – Moonraker; Regie: Lewis Gilbert) geschätzt, weit mehr sogar, als den stets als „besten Moore-Bond" bezeichneten *The Spy Who Loved Me* (1977; James Bond 007 – Der Spion, der mich liebte; Regie: Lewis Gilbert) oder weit mehr als den tendenziell gelobten *James Bond wieder zurück auf Mutter Erde*-Bond-Film *For Your Eyes Only* (1981; James Bond 007 – In tödlicher Mission; Regie: John Glen).

Die Bond'sche *Post-Connery-Depression* hat aber bekanntlich *so richtig* wieder bei Timothy Dalton zugeschlagen, der ab 1987, ab dem sogar durchaus gelungenen *The Living Daylights* (James Bond 007 – Der Hauch des Todes; Regie: John Glen), zu Monty Norman's legendärem *James Bond-Theme* auflaufen durfte, zu *einer der berühmtesten Musikuntermalungen der Filmgeschichte.*

Dalton ist ein guter Schauspieler, gar keine Frage, aber „James Bond" ist er irgendwie keiner, denn er hat weder Connery's Raubtier-Charme noch Moore's augenzwinkernde Lässigkeit. Wenngleich man sagen muss, dass Dalton's zweiter und letzter Bond, der oft grausam unterbewertete *Licence to Kill* (1989; James Bond 007 – Lizenz zum Töten; Regie: John Glen), mit seiner kompromisslosen Härte und Brutalität, sogar so etwas wie der Vorläufer zu den Daniel Craig-Bonds ist. Ich persönlich mag *Licence to Kill* eigentlich, bin mir aber bewusst, dass das Fehlen jeglicher „Bond-Ironie" gepaart mit typischer „80er-Jahre-Brutalität" und „*Miami Vice*-Charme" nicht unbedingt das Rezept ist, aus dem *wirklich* erfolgreiche Bond-Filme entstehen.

Der Vorwurf an die Bond-Filme mit Pierce Brosnan war ein wenig derselbe wie der Vorwurf, den man den 90er-Jahren ganz allgemein stets gemacht hat, nämlich den der „Oberflächlichkeit" und „Belanglosigkeit".

Die Zeitschrift *Cinema*, die, das muss man ihr lassen, immer *Pro*-Daniel Craig war, und zwar von Anfang an, hat 2006, anlässlich der Premiere von *Casino Royale*, alle Bond-Darsteller noch einmal einer Bewertung unterzogen. Dass Connery dabei selbstverständlich die „Nummer 1" war, ist klar, ebenso, dass Roger Moore's Leistung natürlich wieder mal nur als „mittelmäßig" bezeichnet wurde. An Dalton wurde dessen angeblich „Nicht-James Bond-würdiges" Aussehen kritisiert. Pierce Brosnan wurde eher so als „In Ordnung-Bond“ bezeichnet, aber als vielleicht „ein wenig zu *gelackt*“.

Nun, ich weiß nicht, wie’s Ihnen geht, aber ich persönlich habe nichts dagegen, dass ein Schauspieler gut aussieht, so wie das bei Pierce Brosnan halt zweifellos der Fall ist :-). Schließlich sind wir hier nicht beim österreichischen Film, von dem irgendjemand, ich weiß wirklich nicht mehr wer, wahrscheinlich war’s ein Kabarettist, mal gesagt hat, dass darin stets *hässliche Leute hässliche Dinge in hässlicher Umgebung* tun :-).

Brosnan, von dem ich schon seit der TV-Mini-Serie *Noble House* (1988; Regie: Gary Nelson), einer James Clavell-Verfilmung, ein Fan bin und von dem ich der Meinung bin, dass er in Summe leider *viel zu wenige gute Filme* (*Anmerkung*: Ein *guter Film mit Brosnan* wäre zum Beispiel John McTiernan’s 1999er-Remake des Steve McQueen-Norman Jewison-1968er-Klassikers *The Thomas Crown Affair*/dt. Titel: 1968: Thomas Crown ist nicht zu fassen/1999: Die Thomas Crown Affäre; während McQueen und Faye Dunaway damals den bis dato *längsten Kuss der Filmgeschichte* hingelegt haben, der 55 Sekunden dauerte, haben Brosnan und Rene Russo im Remake wohl *eine der besten Liebesszenen der Filmgeschichte* hinbekommen) hat drehen dürfen, gehört nicht nur zu der Kategorie „intelligente Filmstars", sondern er verfügt auch über *eine der coolsten und besten Sprechstimmen* überhaupt. Mein Tipp: Sehen Sie sich seine Bond-Filme doch am besten in Originalsprache an, dann werden Sie sich meiner Meinung bestimmt anschließen!

Alle vier Brosnan-Bonds machen in etwa gleich viel Spaß. Brosnan hat es auf jeden Fall geschafft, der Film-Serie wieder das „Bond-Feeling" zurückzugeben, das man mit Timothy Dalton und speziell mit *Licence to Kill* ein wenig an die Wand gefahren hatte.

GoldenEye (1995; James Bond 007 – GoldenEye), der von *Casino Royale*-Regisseur Martin Campbell inszenierte Brosnan-Einstand, glänzt mit einer großartig-spektakulären Eröffnungssequenz, nämlich mit Bond's „Bungee-Jump" von der Staudamm-Mauer – *atemberaubend!* Vergleichsweise atemberaubend ist allerdings auch die epische und denkwürdige Verfolgungsjagd zwischen Daniel Craig und einem farbigen Bombenleger in Madagaskar, in die uns Campbell am Beginn von *Casino Royale* schickt. Der neuseeländische Regisseur scheint also wahrlich ein Garant für unvergessliche Eingangs- oder Eröffnungs-Szenen in Action-Filmen zu sein. Sehenswert an *GoldenEye* ist aber vor allem auch die Niederländerin Famke Janssen als fiese Killerin „Xenia Onatopp“, die bei jeder Tötung so agiert, als würde sie gerade sexuelle Erfüllung erleben :-).

Während viele *Tomorrow Never Dies* (1997; James Bond 007 – Der Morgen stirbt nie; Regie: Roger Spottiswoode) für den *besten Brosnan-Bond* halten, tendiere ich selbst, wenn es darum geht, den besten Bond mit Brosnan zu wählen, eher zu *The World Is Not Enough* von 1999, da Brosnan hier schlicht und einfach *endgültig* in seine Bond-Rolle gefunden hat und der Film über einige wirkliche Action-Highlights verfügt. Gemeint ist hier vor allem die grandiose Boots-Verfolgungsjagd zu Beginn, die Bond vom MI6-Gebäude weg und *gefühlt* durch halb London bis zur O2-Arena (damals noch „Millennium Dome“ genannt) in Greenwich führt. Aber noch viel besser ist die *eigentliche* Eröffnungssequenz des Filmes gelungen, die den Machern aber dann als „zu unspektakulär“ vorgekommen ist und eben durch die Verfolgungsjagd mit Booten quer durch London ergänzt wurde (insofern ist *The World Is Not Enough* auch ein Bond-Film, der einzige, mit *zwei* richtigen Eröffnungsszenen). In dieser „Eröffnungsszene Nr. 1“ trifft sich Bond, einen wichtigen Geldkoffer bei sich tragend, mit einer Reihe von Männern in einer Schweizer

Bank im spanischen Bilbao und will im Prinzip die Hintergründe der Ermordung eines anderen MI6-Agenten erfahren. Es entsteht ein zunehmend unfreundlicher geführter Dialog zwischen Bond und dem Chef-Banker (gespielt von Patrick Malahide), der folgenden Höhepunkt hat:

BANKER

Ich biete Ihnen die Chance, das Büro mit dem Geld zu verlassen, Mr. Bond.

JAMES BOND

Ich biete Ihnen die Chance, das Büro lebendig zu verlassen.

Das absolut Großartige im weiteren Verlauf der Szene ist aber dann Pierce Brosnan's „*Killer-Blick*", den er plötzlich aufsetzt, als er einen der Sicherheitsmänner des Bankers erschießt. Das ist der Moment, in dem mich Brosnan als Bond sozusagen dann *endgültig hatte*, der mich, als großem Fan der Bond-Film-Reihe, davon überzeugte, dass Brosnan wirklich *ein sehr guter James Bond* ist, der aber in dem Getöse und Hype um Daniel Craig leider fast schon wieder vergessen wurde.

Seltsam. Bisher immer noch kein Wort über „M“ oder „Miss Moneypenny“?

Sollte Ihnen dieser Gedanke bereits gekommen sein, so kann ich das nur zu gut verstehen :-).

Über Miss Moneypenny, die in Bond irgendwie verliebte Sekretärin von Geheimdienstchefin/Geheimdienstchef „M“, werde ich mich noch im dritten Teil dieses Artikels etwas eingehender äußern.

Was „M“ betrifft, so ist natürlich Judi Dench untrennbar mit den Brosnan- und Craig-Bond-Ären verbunden, so wie der unvergessene Bernard Lee (1908-1981) mit der Ära von Connery und größtenteils auch mit der von Roger Moore.

Schon bei Brosnan agiert Dench als eine Art „*Macho-Regulativ*“, das diesem „Relikt aus dem Kalten Krieg“, das Bond nun einmal ist, durchaus kritisch gegenübersteht. Alles andere wäre ein dem mittlerweile veränderten Zeitgeist ohnehin völlig entgegentretender Ansatz gewesen, der einem wahrlich *auch* etwas seltsam vorgekommen wäre :-).

So muss Bond sich von Judi Dench's „M“-Figur so einiges anhören, das nicht immer schmeichelhaft ist, so wie zum Beispiel in der folgenden „Persönlichkeitsanalyse“ aus *Casino Royale*:

M

Bond.

Das mag für eine Waffe auf Beinen zu schwer zu verstehen sein.

Aber: Arroganz und Selbsterkenntnis gehen nicht oft Hand in Hand.

Dench ist eine strenge, im Notfall, wie man aus *Skyfall* weiß, eben auch über die Leichen der eigenen Agenten gehende, „M“, die aber zu Bond einen ganz speziellen Draht hat, anders als der angesichts von *007*'s Verhalten immer nur die Augen überdrehende Bernard Lee :-). Sie wird als jemand gezeigt, und das speziell in der Daniel Craig-Ära, der weiß, wer Bond ist und was für Schattenseiten dessen Persönlichkeit zwangsweise mitbringt, der aber auch weiß, was sie an Bond hat…

III

VESPER LYND (Eva Green; zu „James Bond“ Daniel Craig)

Und es [*Anmerkung*: Die Tatsache, dass James Bond ein Waisen- und Heimkind war] *erscheint mir absolut schlüssig.*

Denn: MI6 sucht labile junge Männer ohne soziale Bindungen, die andere über die Klinge springen lassen, ohne nachzudenken.

Um Krone und Vaterland zu schützen.

(*aus:* Martin Campbell's James Bond-Film *Casino Royale*; 2006)

Grundsätzlich steht Vesper Lynd, Mitarbeiterin des Schatzamts, Bond's Mitstreiterin und schließlich „love interest“, aber, wie man an dem obigen Zitat merkt, auch zweites „Macho-Regulativ“ nach „M“ Judi Dench, in *Casino Royale*, den man getrost als so eine Art *Jahrhundert-Bond-Film* bezeichnen kann, letztendlich in der Tradition von Frauenfiguren, die sich den ganzen Film über gegen die Macho-Allüren der männlichen Hauptfigur zur

Wehr setzen, aber am Ende dann doch mit dieser im Bett landen :-).

Einen viel größeren Typen-Sprung von Pierce Brosnan zu Daniel Craig hätten die Bond-Film-Produzenten Barbara Broccoli (die Tochter des legendären Albert R. „Cubby“ Broccoli, sozusagen des *Ur-* und schließlich *Langzeit*-Produzenten der Film-Serie) und Michael G. Wilson gar nicht machen können - ich meine, ohne sich lächerlich zu machen (natürlich hätte man auch Jim Carrey oder Ben Stiller in der Rolle besetzen können :-)).

Daniel Craig war *vor* seiner James Bond-Rolle irgendwie ein nicht wirklich relevanter Faktor im Filmbusiness, eher nur der „Freund der Schauspielerin Heike Makatsch“, mit der er von 1996 bis 2004 liiert war.

Filmisch aufgefallen war Craig lediglich durch seine Nebenrolle als psychopathischer Mafia-Paten-Sohn „Connor Rooney“ in dem Tom Hanks-Film *Road to Perdition* (2002), den Craig's späterer Lieblings-Bond-Regisseur Sam Mendes inszeniert hatte, und in seiner Hauptrolle als namentlich nicht näher genannter Drogenhändler in dem sehenswerten britischen Gangster-Thriller *Layer Cake* (2004; Regie: Matthew Vaughn), in dem Craig sich aber in gewisser Weise schon für die Bond-Rolle empfohlen hat, da er in *Layer Cake* irgendwie auch schon so einen „Schweinehund" spielt, der Craig's *007*-Interpretation gar nicht unähnlich ist.

Habe ich im zweiten Teil meines Artikels in Zusammenhang mit Pierce Brosnan gemeint, dass dieser einst in die Bond-Serie das „Bond-Feeling" zurückgebracht hat, so muss man bei Daniel Craig im Nachhinein sagen, dass dieser die Bond'sche *Post-Connery-Depression* endgültig aufgelöst und mit seiner Bond-Figur genau jene *Härte* und *Männlichkeit* in die Filme zurückgebracht hat, die man nach Connery's Abgang, „Macho-Regulative" wie „M" oder „Vesper Lynd" hin oder her, schmerzlich vermisst hatte. Bei Craig hatte sowohl das alte Bond-Publikum als auch das neu hinzugekommene, denn *Casino Royale* war als Film schließlich auch eine Art weltweites kulturelles Phänomen, das Bond ganz neue „Kundenschichten" erschlossen hat, das Gefühl, dass endlich wieder ein „cooles Raubtier" mit der Lizenz zum Töten herumschleicht (aber eines, das, wenn ich mir die Anmerkung erlauben darf, ein wenig aussieht wie der junge Wladimir Putin - Finden Sie nicht auch? :-)).

Wunderbar sind dementsprechend auch jene Dialogsequenzen Craig's, in denen das rabiat-ruppige Wesen, das der Schauspieler seinem Bond verliehen hat, zum Ausdruck kommt, so wie bei folgender Bestellung seines berühmten *Lieblingsgetränks*, bei der Craig's Ärger über den für ihn nicht zufriedenstellenden Verlauf des Poker-Turniers mit Bösewicht „Le Chiffre" Mads Mikkelsen mitschwingt:

JAMES BOND

Einen Wodka-Martini.

KELLNER

Geschüttelt oder gerührt?

JAMES BOND

Sehe ich aus, als ob mich das interessiert?

Casino Royale, den ich persönlich, sozusagen als treuer *007*-Freak :-), gleich sechsmal im Kino gesehen habe und der alle weltweiten Befürchtungen, der „blonde Bond" Craig könnte sich lächerlich machen, zum Teufel gejagt hat, ist in der Tat „der etwas andere Bond-Film", ein Film nämlich, der einem *wirklich guten Film* von allen Bond-Filmen, die ja in der Regel auch ein wenig „Cineasten- und

Arthouse-Fans-Albträume“ sind, noch am nächsten kommt. Das Werk, das ja auf Ian Fleming’s allererstem James Bond-Roman aus dem Jahre 1953 basiert, ist aber auch der Beginn einer *ganz großen Geschichte*, die Bond letztendlich zu den *„Ur-Mythen“* (wie *Blofeld* oder *S.P.E.C.T.R.E.*) der gesamten Film-Serie zurückführen wird und die, ausgehend eben von der eigentlich tragischen Liebesgeschichte zwischen Bond und Vesper Lynd, dementsprechend dann auch durch alle vier bisherigen Craig-Bonds geistert.

Eine Schwäche von *Casino Royale*, der viele Stärken hat, eine ganz große Stärke ist zweifellos natürlich auch *Hannibal* (TV-Serie; 2013-2015; kreiert von Bryan Fuller)-Star Mads Mikkelsen als Bösewicht und Banker „Le Chiffre“, sind aber alle Dialoge zwischen Craig und Eva Green, die *nach* der mittlerweile legendären Folterszene stattfinden, in der Bond sozusagen durch Le Chiffre’s „Spezialbehandlung“ einige Verletzungen im Intimbereich davonträgt. Pathetisch und etwas „over the top“, so könnte man diese Dialoge nennen, die letztendlich nur der Witz rettet, mit der James Bond verzweifelt gegen den „Schmalz“ ankämpft, den er da zu hören bekommt und der so klingt, als ob sich Vesper Lynd offenbar dafür entschuldigen wollte, dass sie es jemals im Laufe der Handlung gewagt hat, seine Männlichkeit in Frage zu stellen :-). Hier ein Beispiel:

VESPER LYND

Weißt du, James.

Ich wollte dir nur eins sagen.

Wenn nichts von dir übrig wär, außer deinem Lächeln und deinem kleinen Finger, dann wärst du noch immer mehr Mann als alle vor dir zusammengenommen.

JAMES BOND

Weil du weißt, was ich mit meinem kleinen Finger alles machen kann?

Wirklich grauenhaft :-) - was sich da die Drehbuchautoren Neal Purvis, Robert Wade und Paul Haggis zum Teil haben einfallen lassen.

Gerade von Oscar-Preisträger Paul Haggis (2004: Oscar für bester Film und bestes Drehbuch für *L.A. Crash*), der in allerersten Linie ja Regisseur ist und der auch für *eines der ganz großen filmischen Meisterwerke der 2000er-*

Jahre verantwortlich zeigte, das damals im Kino irgendwie *völlig* untergegangen ist, nämlich *In the Valley of Elah* (2007; Im Tal von Elah) mit Tommy Lee Jones und Charlize Theron sowie Susan Sarandon, einem „crime drama mystery film" mit Irak-Krieg-Heimkehrer-Problematik, ist man an sich Besseres gewöhnt. Im Zusammenhang mit Haggis muss man aber immer auch das TV-Serien-Meisterwerk *Due South* (1994-1999; Ein Mountie in Chicago) mit Paul Gross und David Marciano erwähnen, das nach einer Idee von Haggis entstanden ist und das ich nur jedem ans Herz legen kann, denn die Serie, die blöderweise immer irgendwie Einschaltquoten-Probleme hatte, gehört in Wirklichkeit zu *den besten, witzigsten und innovativsten der 90er-Jahre*.

Aber: Es gibt auch Highlights in den „*Craig-Green-Conversations*" gegen Ende von *Casino Royale*. So wie zum Beispiel den folgenden, amüsanten Dialogteil, der aus einer Unterhaltung stammt, die Bond und Lynd auf einem Sandstrand liegend absolvieren und in der auf Bond's außergewöhnliche „Berufswahl" angespielt wird:

VESPER LYND

Du liebst mich?

JAMES BOND

Genug, um auszusteigen und mit dir um die Welt zu treiben. Bis sich einer von uns eine anständige Arbeit suchen muss. Aber ich fürchte, das musst du erledigen. Ich hab keine Ahnung von anständiger Arbeit.

Hat man den „Pillow-Talk“, das „Bettgeflüster“, in *Casino Royale* dann überstanden, wird man als Zuseher fürstlich entlohnt, denn das Ende des Films ist, wie soll ich sagen, für Bond-Fans „berauschend“. Nach der spektakulären Szene in Venedig, in der Bond einen ganzen Palazzo zum Einsturz bringt, und nach dem Tod der dann schließlich doch als „Verräterin“ enttarnten Vesper Lynd, kommt nämlich jener *„Schuss aus dem Nichts*“, der *Casino Royale* noch einmal zusätzlich zu einem der ganz großen Bond-Filme macht.

Als der mysteriöse Hintermann und Bösewicht „Mr. White“ (gespielt von Jesper Christensen), der an einigen zentralen Punkten des Films (so wie bei der von ihm selbst vollzogenen Tötung des „Verräters“ Le Chiffre während der Folterung Bond's) immer wieder auftaucht und zu dem Bond, wie durch einen „letzten Gruß Vesper's aus dem Jenseits", sozusagen mithilfe des Handys der Toten geführt wird, vor seiner Villa aus seinem Auto steigt, erhält er nämlich einen Anruf, dem *unvermittelt*, nachdem ans Handy gegangen wurde, ein Schuss folgt, der den „*Pale King*", den „*Blassen König*", wie „Mr. White" später schließlich in *Spectre* genannt wird, ins Bein trifft. Der Moment, in dem Craig dann, mit einer Waffe in der Hand, langsam die Treppen vor dem verletzten und auf den Treppen herumkriechenden „Mr. White" hinaufschreitet und schließlich die Worte „*Mein Name ist Bond. James Bond*" sagt, was eine Antwort auf White's kurze Frage ist, die er beim Abheben des Handys gestellt hat, nämlich wer denn da dran sei, ist *genial*. Und wenn dann beim Abspann, zum ersten Mal in *Casino Royale*, der ein Bond-Film ist, der auf so einiges, so wie auch auf „Q" und Miss Moneypenny (jedoch *nicht* auf Bond's US-CIA-Kollegen Felix Leiter), verzichtet hat, endlich auch Monty Norman's unverzichtbares *James Bond Theme* erklingt, dann ist das *der endgültige Beginn einer neuen Bond-Ära.*

In *Quantum of Solace* (der geniale Titel, und *nur* der Titel allein, wurde sozusagen von Ian Fleming's 1959 erschienener Kurzgeschichte mit demselben Namen übernommen; dt. Titel der Kurzgeschichte: *Ein Minimum an Trost*), der nahezu unmittelbar an das großartige Ende von *Casino Royale* anschließt, kann man sich am allerbesten davon überzeugen, dass Daniel Craig's Bond eine „effiziente Killermaschine" ist, der man gerne bei der Arbeit zusieht. Auch wenn Marc Forster's Film, den ich im Laufe von Teil 1 und 2 dieses Artikels schon als „Kurzfilm-Bond" und „Bond-Quickie" bezeichnet habe, eher wie eine „Fußnote" zu dem epischen Überlänge-Bond *Casino Royale* wirkt, so endet das nichts an der Unterhaltsamkeit des Werks, in dem es eben im Prinzip darum geht, dass Bond ein „Quantum" an Trost für die Vorkommnisse rund um Vesper Lynd in *Casino Royale* erhält.

Dass an *Quantum of Solace*, der bis heute der Bond-Film mit Daniel Craig ist, der am wenigsten eingespielt hat, nämlich weltweit „nur" etwa rund 586 Millionen Dollar, stets herumgemosert wurde, liegt vor allem daran, dass der deutsch-schweizerische Regisseur Marc Forster ein paar inszenatorische Entscheidungen getroffen hat, die den Film, den ich persönlich aber stets sehr mochte, ein wenig „schwierig zu konsumieren" gemacht hat. Forster liebt es,

„Filme mit einem gewissen Anspruch“ zu drehen, eine Tendenz, die manchmal zu Meisterwerken führt, wie eben bei *Monster's Ball* (2001; Hauptdarstellerinnen-Oscar, als erste Afroamerikanerin überhaupt, für Halle Berry; Heath Ledger in einer Nebenrolle, in der er aber eine der besten Leistungen seiner leider nur kurzen Karriere ablieferte), oder zu akzeptablen Filmen, wie den 2007 erschienenen *The Kite Runner* (Drachenläufer; literarische Vorlage: Khaled Hosseini).

In *Quantum of Solace* hat sich Forster teilweise für einen fast „dokumentarischen“ Stil entschieden, der auch Locations wie Haiti und Bolivien manchmal so einfängt, als wäre man plötzlich in einer BBC-Doku gelandet, die den Anspruch hat, in möglichst kurzer Zeit möglichst viel „Lokalkolorit“ einzufangen. Aber das wäre vielleicht nicht das Problem gewesen, sondern viel eher der *hektisch-elaborierte Schnitt*, der einen teilweise fast schwindlig macht und das Auge ein wenig überfordert. Forster hat den Action-Szenen seines Films offenbar nicht genug vertraut und dieses Misstrauen durch „Schnitt-Spielereien“ überkompensiert. Die Gefahr hierbei ist eben stets, dass sich ein Filmemacher beim fertigen Film dann lediglich nur selbst amüsiert :-).

Aber ganz so schlimm ist es dann doch nicht geworden und wann immer man sich einen kurzen, harten Bond-Film ansehen will, mit einem tatsächlich sehr „effizient“ agierenden Daniel Craig, dann ist man bei *Quantum of Solace*, der *007* witzigerweise auch mal wieder nach Österreich, genauer: nach *„Bregenz, Austria*“, führt, absolut richtig und absolut gut aufgehoben.

Hier noch ein Dialog zwischen Bond und dem sterbenden Geheimdienstmann Rene Mathis (Giancarlo Giannini), den man in *Casino Royale* fälschlicherweise jenes Verrates an *007* bezichtigt hat, welchen schließlich Vesper Lynd getätigt hat, wenngleich, wie sich in *Quantum of Solace* herausstellt, unterm Strich, *auch*, um Bond's Leben in letzter Konsequenz zu retten. Mathis, der von einigen Kugeln getroffen wurde, bringt den Antrieb, den Craig's Bond in *Quantum of Solace* hat, nämlich die Tatsache, dass er schwer unter seiner durch seine Liebe zu Lynd hervorgerufenen Fehleinschätzung der ganzen *Le Chiffre-Vesper Lynd-Mr. White-Geschichte* leidet, auf den Punkt:

MATHIS

Vergeben wir einander?

JAMES BOND

Ich hätte Sie nicht allein lassen dürfen.

MATHIS

Vespa. Sie hat alles für Sie gegeben. Vergeben Sie ihr. Vergeben Sie sich selbst.

Das Weglassen von „Q“ und Miss Moneypenny in *Casino Royale* und in *Quantum of Solace* bedeutete aber gleichzeitig auch das Weglassen von „*Charme*-Elementen“ der Film-Serie. Die Flirtereien und das „Vorzimmergeplänkel“ zwischen Bond und „Eve Moneypenny“, die von 1962 bis 1985, also von Connery's erstem Bond, *Dr. No*, bis Moore's letztem, *A View To A Kill* (James Bond 007 – Im Angesicht des Todes; Regie: John Glen), von der unvergessenen Lois Maxwell (1927-2007) gespielt wurde, gehören genauso wie „Q's“ Beschwerden darüber, dass *007* seine Gadgets nicht mit dem nötigen Respekt behandelt, zu einem Bond-Film wie „M“ und, naja, Bond selbst :-).

In *Skyfall*, dem Megablockbuster (*erfolgreichster Bond-Film aller Zeiten!*) von Sam Mendes, dem Oscar-prämierten Regisseur von *einem der größten amerikanischen*

Filme überhaupt, nämlich *American Beauty* (1999), kam es dann sinnvollerweise zu einem Comeback von Moneypenny und „Q“, gespielt von Naomie Harris (z. B.: 2006: *Miami Vice*; Regie Michael Mann) und Ben Wishaw (z. B.: 2006: *Das Parfüm – Die Geschichte eines Mörders*; Regie: Tom Tykwer; literarische Vorlage: Patrick Süskind), die beide der Brosnan-Ära-Moneypenny Samantha Bond (bekanntlich kein Scherz :-)) bzw. dem Brosnan-Ära-Letzt-„Q“ (der *eigentlich* als „R“ bezeichnet wird) John Cleese nachfolgten.

Skyfall, der mit Adele's gleichnamigen Titelsong über einen der *unnachsingbarsten Bond-Songs* (Adele's Gesangsleistung ist darin wirklich *gigantisch*!) verfügt :-), ist *der düsterste Bond-Film* überhaupt, in dem sich Bond (wieder einmal :-); so etwas wie das *Signum* der Craig-Ära), aber auch „M“ Judi Dench ihren Dämonen der Vergangenheit stellen müssen.

Einen *James Bond im Burn-out*, das ist, was uns Sam Mendes‘ Film eigentlich präsentiert. *007* als psychisches und körperliches Wrack, als jemand, der, wie der Bösewicht „Raoul Silva“, wunderbar gespielt von Javier Bardem, einmal sagt, nur mehr von Alkohol und Medikamenten aufrechterhalten wird (wobei man natürlich sagen muss, dass der Film diesen „Wrack“-Aspekt nicht unbedingt übertreibt; ich finde: Bond ist trotzdem ganz schön fit und erholt sich überraschend schnell :-)).

Beleidigt ist Bond in *Skyfall* zunächst einmal auf „M“ Judi Dench, die in dem Film irgendwie relativ unsympathisch rüberkommt, weil sie eben als Chefin porträtiert wird, die im Notfall eben auch „professionell“ bleibt und über Leichen geht, auch über die der eigenen Agenten, was Bond zu Beginn des Films zu spüren bekommt, als er, auf „M's“ Geheiß hin, von Eve Moneypenny, die da noch Außendienst-Agentin ist, inmitten eines Kampfes mit einem Schurken von einem fahrenden Zug heruntergeschossen wird. Als der für tot erklärte Bond und „M“ sich dann in London wiedertreffen, was vor dem Hintergrund des Bomben-Anschlages von Raoul Silva, einem einst ebenfalls von „M“ fallengelassenen Agenten, auf das MI6 geschieht, macht Bond klar, dass auch er ein wenig enttäuscht von „M's“ Verhalten ist (letztendlich auch deswegen, weil, laut Bond-Produzentin Barbara Broccoli, „M“ und Bond eine „familiäre Beziehung“ haben und „M“ für das Waisenkind Bond das ist, was einer „Mutter“ noch am nächsten kommt):

M

Wo zum Teufel waren Sie?

JAMES BOND

Ich hab den Tod genossen.

Nun, den Tod in *Skyfall* findet bekanntlich, bei dem berühmten Showdown in Bond's Heimat Schottland, wo uns ein Herrenhaus namens „Skyfall" präsentiert wird, in dem Bond einen kleinen Teil seiner Kindheit verbracht hat, nicht *007*, sondern letztendlich „M", die den ganzen Film über auch als jemand präsentiert wurde, die das Schicksal vieler mächtiger Personen ereilt hat, nämlich den *richtigen* Zeitpunkt zu verpassen, um sozusagen noch in „Würde" abtreten zu können. Insofern ereilt sie auch irgendwann eine alte „Sünde", und das eben in der Gestalt eines von ihr einst geopferten, von Rachedurst getriebenen, physisch wie psychisch entstellten, Agenten in der Gestalt von Javier Bardem.

Ich persönlich bin jetzt nicht unbedingt der größte Fan von *Skyfall*, den ich, soweit ich mich erinnere, zwar *min-*

destens dreimal im Kino gesehen habe :-), den ich aber immer als einen etwas „uncharmanten" Bond-Film empfunden habe (oder als einen Bond-Film, der so charmant ist wie die düstere Wetterlage, die Bond und „M" gegen Ende in Schottland vorfinden :-)), genauso wie *The Dark Knight Rises* (2012; Regie: Christopher Nolan) ein denkbar „uncharmanter" Batman-Film ist. Beide Filme, Mendes' *Skyfall* und Nolan's *The Dark Knight Rises*, sind Werke, die so einen *Das hier geschieht jetzt auch alles vor dem Hintergrund des internationalen Terrorismus*-Touch haben, der ihnen stellenweise nicht guttut. Insofern bin ich auch der Meinung, dass erst *Spectre* innerhalb der Craig-Bonds ein wenig die Rückkehr zum alten „Bond-Charme" bedeutet hat und ganz sicher nicht *Skyfall*, so wie das einige Kritiker behauptet haben.

Ein wenig altes „Bond-Feeling" kommt in *Skyfall* allerdings dazwischen hin und wieder schon auf, und zwar dann, wenn Bond mit der neuen, farbigen, „Moneypenny" Naomi Harris flirtet oder sich mit dem neuen „Q" Ben Wishaw subtile Wortduelle liefert. An dieser Stelle sei aber auch ein „Dialog mit altem Bond-Feeling" angeführt, den *007* mit Severine (Berenice Marlohe), einer Gespielin von

Bösewicht Silva, in einem Casino in Macau führt. Der folgende Dialog hätte gut und gerne auch in einem Roger Moore-Bond der 70er vorkommen können:

JAMES BOND

Nur eine gewisse Art von Frau trägt zu einem dekolletierten Abendkleid eine Beretta um ihre Oberschenkel geschnallt.

SEVERINE

Man kann nicht vorsichtig genug sein bei attraktiven Männern mit einer Walter unter dem Smoking.

Gert Fröbe (*Goldfinger*), Curt Jürgens (*The Spy Who Loved Me*), Klaus Maria Brandauer (im *Thunderball*-Remake *Never Say Never Again*), die Bond-Film-Reihe schien immer eine Schwäche für deutschsprachige Charakterdarsteller zu haben, wenn es darum ging, die Rolle der Bösewichter zu besetzen.

Insofern war auch Doppel-Nebenrollen-Oscar-Preisträger Christoph Waltz, der bekanntlich einst von Quentin Tarantino persönlich aus dem deutsch-österreichischen Film-

und Fernseh-Sumpf (aber man darf nicht dermaßen *ungerecht* sein :-): ein echtes Waltz-Highlight ist auch der 1997 im Rahmen der *Schimanski*-TV-Film-Reihe entstandene und von Hajo Gies inszenierte TV-Film *Blutsbrüder*, in dem Götz George und Waltz gemeinsam so etwas wie eine „Flucht in Ketten" hinlegen – absolut sehenswert!) gezogen wurde, eine nicht ganz unlogische Wahl, um den legendären Super-Schurken und SPECTRE-Chef Ernst Stavro Blofeld zu spielen.

Spectre, der zweite, und das angeblich auf Craig's ausdrücklichem Wunsch hin, von Sam Mendes inszenierte Bond-Film, bedeutete für die eingefleischten *007*-Fans also vor allem eins: *Endlich* wieder Blofeld und *endlich* wieder SPECTRE, nach einer Pause von 34 Jahren, denn Blofeld hatte zuletzt einen Kurzauftritt 1981, im Roger Moore-Bond *For Your Eyes Only*, in dem er aber schon zu Beginn des Films von Moore mithilfe eines Helikopters in einen Schornstein entsorgt wurde. Natürlich bedeutet ein Comeback von Blofeld und dessen Organisation aber auch ein Comeback des *Kraken*, der nicht nur durch den Vorspann des Films geistert, sondern wiederum auch die Ringe ziert, die von den SPECTRE-Mitgliedern als Zeichen ihrer Zugehörigkeit zu der Organisation getragen werden (eine Tatsache, die dem Zuschauer und Bond die Identifikation dieser Mitglieder stets stark erleichtert hat :-)).

Nun, wieso, um auf meine in Teil 1 des Artikels gestellte Ausgangsfrage zurückzukommen, ist dieser vierte Craig-Bond, der durchaus mit gemischten Reaktionen von Seiten des Publikums und der Kritik zu kämpfen hatte, in Wahrheit sein bester?

Spectre, und das liegt nicht *nur* daran, dass die mexikanischen Totenmasken, die die Menschenmenge sowie auch Bond zu Beginn des Films am mexikanischen „day of the dead“ tragen, wirklich sehr toll sind und ungeheuer

cool :-), gehört, wie bereits erwähnt, zu meinen fünf Lieblings-Bond-Filmen (zusammen eben mit: *Dr. No*, *From Russia with Love*, *Thunderball*, *Live and Let Die*). Er ist somit auch mein Lieblings-Daniel Craig-Bond, wobei ich mir bewusst bin, dass das *eigentliche* Meisterwerk, ja fast Kunstwerk, unter den Craig-Bonds natürlich *Casino Royale* ist, ein Film, mit dem es eigentlich nur *On Her Majesty's Secret Service* von 1969 aufnehmen könnte, wenn da eben nicht George Lazenby als Bond wäre.

Ein absolut toller Aspekt an diesem 24. Bond-Film ist aber seine *Atmosphäre* oder, wenn man will, seine *atmosphärische Dichte*, die durchaus, in den besten Momenten, an frühere Bonds wie *From Russia with Love* oder *Thunderball* erinnert. Gelungen ist auch jene Szene, in der Bond, auf dem Begräbnis des von ihm anfangs in Mexiko getöteten SPECTRE-Mannes Marco Sciarra (Alessandro Cremona), „Blofeld“ Christoph Waltz und die Witwe des Toten, Lucia Sciarra (gespielt von Monica Bellucci), beobachtet, denn dieser Moment hat genau diesen 60's-Retro-*Thunderball*-Touch, der diesen Film unter den Craig-Bonds zusätzlich herausstechen lässt. Auf der Haben-Seite von *Spectre* wären da aber auch noch Ralph Fiennes als endgültig neuer „M“ Gareth Mallory, der ja schon in *Skyfall* mit von der Partie war, und, was mich als riesigem Bewunderer der britischen TV-Serie *Sherlock* (2010-Gegenwart) besonders freut, Andrew „Jim Moriarty“ Scott, der „M‘s“ geheimdienstinternen Antipoden und Chef des „Joint Intelligence Service“, Max Denbigh, spielt, der von allen nur „C“ genannt wird (und der, wie könnte es anders sein, auch ein Blofeld-Gefolgsmann ist).

Der allergrößte Trumpf von *Spectre*, diesem „Bond-Film-*likesten*" Bond mit Craig, ist jedoch eine Überraschung, nämlich, dass Daniel Craig und Lea Seydoux, die die Tochter des *Pale Kings*, des *Blassen Königs*, „Mr. White" spielt, Dr. Madeleine Swann, ein sehr gut harmonierendes Leinwandpaar sind, ein besseres und überzeugenderes sogar, als es Craig und Green in *Casino Royale* waren.

Nachdem Swann's Vater, der sich natürlich letztendlich auch als SPECTRE-Mann entpuppt hat, in „Altaussee, Austria" vor Bond's Augen Selbstmord begangen hat, sucht Bond dessen Tochter in einer Klinik in den österreichischen Alpen auf und rettet sie sogleich vor einigen SPECTRE-Schergen. In der Folge entsteht eine Liebesgeschichte, die aber recht glaubwürdig rüberkommt, da die Chemie zwischen Craig und Seydoux (die 2011 schon als Killerin „Sabine Moreau" in dem Tom Cruise-Film *Mission: Impossible – Ghost Protocol*/dt.: Mission: Impossible – Phantom Protokoll, der von Brad Bird inszeniert wurde, einen starken Eindruck hinterlassen hatte) eindeutig stimmt. Insofern nimmt man ihnen auch ein Geplänkel wie das folgende ab, das in einem Speisewagen eines Zugs stattfindet:

DR. SWANN

Sie sollten nicht so starren.

JAMES BOND

Und Sie sollten nicht so aussehen.

Im Laufe dieser „Speisewagen-Unterhaltung“ zwischen Swann und *007* wird aber auch Bond's Lebenswandel von Swann in Frage gestellt, die aufgrund ihres familiären Hintergrundes eben weiß, was so ein Leben, wie es Bond führt, bedeuten kann. Da die „Mann & Frau“-Dialoge in *Spectre* (Drehbuch: John Logan, Neil Purvis, Robert Wade & Jez Butterworth) aber weit besser sind als zum Beispiel in *Casino Royale*, kommen Swann's Bedenken weniger „künstlich“ und „aufgesetzt“ rüber als seinerzeit Lynd's:

DR. SWANN

Was, in Anbetracht aller verfügbaren Optionen, bewegt einen Mann dazu, Berufskiller zu werden?

JAMES BOND

Na ja, das oder Priester werden.

DR. SWANN

Ich meine es ernst. Ist es wirklich das, was Sie wollen? Ein Leben im Schatten. Jagen. Gejagt werden. Immer über die Schulter schauen. Immer allein.

JAMES BOND

Ich bin nicht allein.

DR. SWANN

Beantworten Sie die Frage...

JAMES BOND

Ich bin mir nicht sicher, ob ich je eine Wahl hatte.

[…]

DR. SWANN

Ich glaube, Sie haben Unrecht.

JAMES BOND

Glauben Sie?

DR. SWANN

Wir haben immer eine Wahl.

Überhaupt gibt es in *Spectre* so einige *Dialog-Highlights*, mehr als in jedem anderen Bond mit Daniel Craig. Das folgende stammt aus einer Unterhaltung zwischen Bond und Blofeld (der ja ursprünglich, wie sich herausstellt, „Franz Oberhauser" geheißen hat und dem mit dem Waisenkind Bond sogar eine kurze gemeinsame Kindheitszeit verbindet):

BLOFELD

Also, James. Wieso bist du gekommen?

JAMES BOND

Um dich zu töten.

BLOFELD

Ich dachte, du wärst hier, um zu sterben.

JAMES BOND

Tja, alles eine Frage der Perspektive.

Waltz hat es in seiner Blofeld-Darstellung geschafft, tatsächlich das Karikaturartige *weitgehend* herauszunehmen und einen Blofeld zu präsentieren, hinter dem man wenigstens das „Psychopathische" spürt, das so eine Figur auch ausmachen muss. Er kommt deswegen weniger als „größenwahnsinniger Idiot mit Perserkatze" hinüber, so wie viele seiner Vorgänger in der Blofeld-Rolle, sondern eher als extrem unangenehmer, durchtriebener und sadistischer Boss eines Verbrechersyndikats, was das Ganze weit realistischer macht.

Wie ich ja bereits in der Eingangspassage des ersten Teils meines Artikels angemerkt habe, sind die „familiären Verstrickungen" in *Spectre*, die sich bemühen, *allen* Craig-Bonds irgendwie einen übergeordneten Zusammenhang zu geben und einige *Bond-Mythen* miteinander zu verbinden, etwas *abenteuerlich.* Aber der Verdienst des Films ist es auch, dass einem eben solche recht abenteuerlichen Tatsachen, wie etwa, dass *ausgerechnet* „Mr. White", der *Blasse König*, der zu Bond in Altaussee sagt, dieser agiere in der ganzen monströsen Geschichte nur wie ein *„Flugdrachen in einem Hurricane"*, eigentlich posthum so etwas wie der

Schwiegervater von 007 wird oder dass „Franz Oberhauser“ alias „Ernst Stavro Blofeld“ und Bond sich irgendwie aus Kindheitstagen kennen, nicht weiter stören.

EPILOG

Eine wirklich „dumme“ Entscheidung in *Spectre* trifft „Blofeld“ Christoph Waltz allerdings schon. Denn: Er lässt *007* in der Folterszene, in der er Bond mit kleinen Bohrern wichtige Stellen im Gesichts- und Schädelbereich anbohrt, seine Armbanduhr, ein Präsent „Q’s“, behalten, was letztendlich, dank Dr. Swann’s Beteiligung, eine Explosion zur Folge hat, die Blofeld schließlich entstellen wird. Im Jahr 2015, nach 53 Jahren und 24 Bond-Filmen, sollte eben auch ein Ernst Stavro Blofeld mittlerweile wissen, dass man eines *nie* tun sollte, nämlich *007* seine Armbanduhr behalten lassen, die stets voller hilfreicher Gadgets ist…:-)

(August 2018)

Harrison Ford in *Frantic* (1988; Regie: Roman Polanski) oder: Warum Ford einer der sympathischsten Schauspieler der Filmgeschichte ist…

PROLOG

In den 90er-Jahren, genauer: in der zweiten Hälfte der 90er-Jahre, bin ich, mehr durch Zufall, im TV auf eine Interviewreihe des AFI, des **A**merican **F**ilm **I**nstitutes, gestoßen, in der damals die so ziemlich größten Filmstars der Welt, wie Tom Cruise, Clint Eastwood, Tom Hanks oder Harrison Ford, vor einem Publikum interviewt wurden, das, soweit ich mich erinnern kann, aus einem Haufen Jungschauspielerinnen und Jungschauspielern bestanden hat. Die Reaktionen der sozusagen in einer Talk-Show-Atmosphäre einzeln interviewten Film-Ikonen auf dieses Publikum, das voll von Leuten war, die gewiss *insgeheim* alle gehofft haben, eines Tages ebenfalls so sagenhafte Karrieren in der Filmwelt hinlegen zu können, wie diese lebenden Legenden oben auf dem Podium, waren sehr aussagekräftig, nämlich in punkto *Persönlichkeitsstruktur*. Wobei ich, zugegebenermaßen, vergessen habe, wie Tom Cruise und Clint Eastwood sich gegenüber dem potentiellen „Nachwuchs" verhalten haben, allerdings nicht, wie Tom Hanks und Harrison Ford agiert haben. Tom Hanks legte in seiner Sendung mehr so eine *Probiert es erst gar nicht! Ihr werdet sowieso nie so berühmt wie ich!*-Haltung an den Tag, die jetzt wahrlich nicht außergewöhnlich ist, aber natürlich nicht unbedingt immer sympathisch rüberkommt. Harrison Ford hingegen war, naja, *nett* zum Schauspieler-Nachwuchs, der mit leuchtenden Augen da auf die Bühne und auf ihr Idol starrte, drehte sich öfters zum Publikum und bezeichnete die Leute als *„talented kids"* oder als *„smart kids"*. Jedenfalls bestätigte dieser Auftritt Ford's eines, was man ohnehin hätte vermuten können: Dieser Schauspieler, der, genau genommen, vor allem dank seiner „Fans" George Lucas und Steven Spielberg, *einer der kommerziell erfolgreichsten der Filmgeschichte* überhaupt ist und im Übrigen sicherlich auch *eine der größten Ikonen des US-Kinos*, scheint auch abseits der Leinwand ein recht verträglicher Zeitgenosse zu sein, was, wie man weiß, jetzt nicht unbedingt immer dem (Super-)Star-*Standard* entspricht :-).

I

[…] back with the ***Yoda*** *of rap/„in a spasm/your music usually has `em/but wanted for the game your enthusiasm it hasn`t/follow you must, Rick Rubin my little* ***Padawan****"/a* ***Jedi*** *in trainin', colossal brain'n, thoughts are entertainin'/but docile and impossible to explain and, I'm also vain and/probably find a way to complain about a Picasso paintin'/puke* ***Skywalker*** *but sound like* ***Chewbacca*** *when I talk* […]

(Auszug aus *Rhyme or Reason*; aus: EMINEM's 2013er-Album *The Marshall Mathers LP 2*)

Natürlich ist das ganze *Star Wars*-Universum samt seiner wunderbaren Figuren und Konzeptionen, wie etwa Han Solo, Luke Skywalker, Prinzessin Leia, Obi-Wan Kenobi, Chewbacca, Darth Vader, Meister Yoda oder der „Macht", wie auch der obige Ausschnitt aus einem Song meines bevorzugten Rappers EMINEM zeugt, längst ein *riesiger*, nicht mehr wegzudenkender Teil der gesamten Popularkultur geworden sowie des kollektiven Bewusstseins und Unterbewusstseins ganzer Generationen.

Und tatsächlich: George Lucas‘ *Star Wars* (Krieg der Sterne; *alternativ* auch: Star Wars: Episode IV - A New Hope/Eine neue Hoffnung) aus 1977, in gewisser Weise ein wilder Mix aus Science Fiction-, Western- und Soap Opera-Elementen, ist damals wie heute einfach ein *sensationeller* Film und hat den Begriff *Blockbuster-Kino*, gemeinsam mit Spielberg‘s legendärem *Ein riesiger weißer Hai terrorisiert einen kleinen Badeort*-Schocker *Jaws* (1975; Der weiße Hai), de facto erst erfunden oder definiert. Und wenn ich persönlich eine Liste der Filme machen müsste, die ich am alleröftesten in meinem Leben gesehen habe, so wäre *Star Wars* ganz oben zu finden, genauso wie etwa die beiden *Star Wars*-Fortsetzungen *The Empire Strikes Back* (1980; Das Imperium schlägt zurück; *alternativ* auch: Star Wars: Episode V - The Empire Strikes Back/Das Imperium schlägt zurück; Regie: Irvin Kershner) und *Return of the Jedi* (1983; Die Rückkehr der Jedi-Ritter; *alternativ* auch: Star Wars: Episode VI – Return of the Jedi/Die Rückkehr der Jedi-Ritter; Regie: Richard Marquand) oder alle Sean Connery- und Roger Moore-*Bond*-Filme sowie auch die ersten drei *Indiana Jones*-Filme und wahrscheinlich auch *Rambo: First Blood Part II* (1985; Rambo II – Der Auftrag; Regie: George Pan Cosmatos) und *The Terminator* (1984; Terminator; Regie: James Cameron).

Harrison Ford, der ganz allgemein, vom Typus, der er ist, her, am ehesten jene Filmstar-Lücke gefüllt hat, die Gary Cooper (1901-1961; *sicherlich* populärster Film: 1952: Fred Zinnemann's *High Noon*/Zwölf Uhr mittags) hinterlassen hat, stiehlt in *Star Wars*, als draufgängerischer Weltraum-Pilot „Han Solo", von Anfang an „Luke Skywalker" Mark Hamill und „Prinzessin Leia" Carrie Fisher (1956-2016) die Show. Und es verwundert einen heute noch ein wenig, dass Ford, geboren 1942, angesichts seines unbestreitbaren Charismas, 35 Jahre alt hat werden müssen, bis er im Filmbusiness hat durchstarten können – insofern ist er, als „Leading Man", auch so eine Art „Spätzünder" und eben diesbezüglich eine absolute Ausnahme, nur übertroffen von Humphrey Bogart (1899-1957), der schon 42 Jahre alt war, als er endlich mit John Huston's *The Maltese Falcon* (1941; Die Spur des Falken), einem der zentralen Werke des *Film noir* oder eben der *Schwarzen Serie*, weltberühmt wurde.

Vor *Star Wars*, einem Film, den man rein auf der Schauspielerebene auch als *Einer daraus wird zum Superstar, die anderen nicht*-Film bezeichnen könnte, war Ford, der sogar mal Roadie und Kamera-Assistent bei einer Tour der legendären US-Rockgruppe *The Doors* war (wovon sogar noch alte Filmaufnahmen zeugen, in denen der damals völlig unbekannte Ford hinter *Doors*-Frontmann Jim Morrison zu sehen ist; *Wenn Sie Ford genauso mögen wie ich, dann lohnt es sich auf jeden Fall, nach diesem alten Material zu suchen – ein wirklich lustiges und sehenswertes Dokument!*), lediglich in dem 70er-Überraschungsgroßerfolg *American Graffiti* (1973) aufgefallen, einem Film, den ebenfalls George Lucas inszeniert hat. In dieser nostalgischen und amüsant-scharfsinnigen Teenager-Komödie, deren Handlung im Laufe einer einzigen Nacht im Jahr 1962 spielt, spielt Ford die wichtige Nebenrolle des Rennfahrers „Bob Falfa“. Ford's kleinere Rollen in den beiden Francis Ford Coppola-Filmen *The Conversation* (1974; Der Dialog) und *Apocalypse Now* (1979; Ford's Aufnahmen wurden aber schon 1975/76 gedreht), also in einem *heimlichen* (in Wahrheit ist *The Conversation* mit Gene Hackman *einer der besten Filme der 70er-Jahre!*) und einem *ganz offiziellen Meisterwerk* der 70er-Jahre, blieben dagegen eher unbeachtet bzw. brachten Ford's Karriere auch nicht wirklich voran.

Nun, George Lucas‘ Science Fiction-Meilenstein von 1977, der in der Besetzung auch solche Filmlegenden wie Sir Alec Guinness (1914-2000; spielt den alten „Obi-Wan

Kenobi“) und Peter Cushing (1913-1994; spielt den bösen „Gouverneur Tarkin“) aufweist, veränderte auch für den damals hauptsächlich als Tischler und Nebenerwerbs-Schauspieler arbeitenden Ford natürlich alles, wobei sich Fans und Kritiker meist darüber einig sind, dass natürlich nicht *Star Wars*, sondern eigentlich *The Empire Strikes Back* aus dem Jahr 1980, den allerdings nicht mehr Lucas selbst, sondern *Never Say Never Again* (1983; Sag niemals nie)-Regisseur Irvin Kershner inszeniert hat, der beste aller bisherigen *Star Wars*-Filme ist. Der düstere *The Empire Strikes Back*, in dem die Hauptfiguren der Saga ja eine fast *tragische Tiefe* bekommen, ist bis heute auch mein Lieblingsfilm der Reihe geblieben, und das ist nicht zuletzt der Tatsache geschuldet, dass darin unser aller „Lieblings-*Jedi*“, nämlich „Meister Yoda“, auftaucht, eine der *süßesten Film-Figuren aller Zeiten*! (die ihre ganz großen Momente natürlich in den zwischen 1999 und 2005 entstandenen und von George Lucas wieder selbst inszenierten *Star Wars*-Prequels hat; man denke da nur an das wirklich *phantastische* Laserschwert-Duell zwischen Yoda und Bösewicht „Count Dooku“ Christopher Lee am Ende von *Star Wars Episode II – Attack of the Clones*/Angriff der Klonkrieger, dem 2002 in die Kinos gekommenen *eigentlichen* Meisterwerk unter den drei Prequels!)

Und außerdem werden bereits in *The Empire Strikes Back*, also schon im Jahr 1980, von Darth Vader *die* zentralen Worte des 80er-Jahre Kinos gesprochen, die, genau genommen, auch eine der populärsten Dialogzeilen bilden, die jemals geschrieben wurden (ähnlich populär wie der berühmte -und im Deutschen letztendlich fehlübersetzte- Bogart-Trinkspruch *Here's looking at you, Kid!/Ich schau dir in die Augen, Kleines!* aus Michael Curtiz' *Casablanca* von 1942): *I am your father.* (Ich bin dein Vater.)

Obwohl uns das weg von Han Solo und Harrison Ford führt, sei an dieser Stelle dennoch, und das ausnahmsweise zweisprachig, in Deutsch und in Englisch, der entscheidende Dialogteil aus *The Empire Strikes Back* zwischen Mark Hamill, alias „Luke Skywalker“, und David Prowse, alias „Darth Vader“ (dem aber im englischen Original der große Schauspieler James Earl Jones seine eindrucksvolle Stimme leiht!), angeführt, in dem „Lord Vader“, der ja ursprünglich „Anakin Skywalker“ geheißen hat, seinem Sohn Luke, inmitten ihres ersten Laserschwert-Duells, diese wahrlich *Soap Opera*-reife Wahrhcit präsentiert:

DARTH VADER

Wenn du nur wüsstest, welche Überlegenheit einem die dunkle Seite der Macht verleiht. Obi-Wan hat dir nie erzählt, was wirklich mit deinem Vater passiert ist.

(If you only knew the power of the dark side. Obi-Wan never told you what happened to your father.)

LUKE SKYWALKER

Er hat mir genug erzählt. Er hat mir gesagt, dass Sie ihn umgebracht haben.

(He told me enough. He told me you killed him.)

DARTH VADER

Nein. Ich bin dein Vater.

(No. I am your father.)

LUKE SKYWALKER

Nein. Nein. Das ist nicht wahr. Das ist nicht wahr! Niemals!

(No. No. That's not true. That's impossible!)

DARTH VADER

Erforsche deine Gefühle! Du weißt, dass es wahr ist!

(Search your feelings. You know it to be true.)

LUKE SKYWALKER

Neeeein!

(Noooo!)

Bevor es aber zu diesem denkwürdigen Moment innerhalb von *The Empire Strikes Back* und somit der *Star Wars*-Reihe kommt, sozusagen zu dem Punkt, von dem aus das ganze *Star Wars*-Universum zusammengehalten wird, folgt der Film abwechselnd Skywalker, der seine unter Obi-Wan Kenobi begonnene Jedi-Ausbildung bei Meister Yoda auf dem Planeten Dagobah fortführt, und Han Solo, der sich mehr oder weniger, gemeinsam mit Prinzessin Leia, seinem Wookiee-Kumpel Chewbacca sowie den beiden Robotern C-3PO und R2-D2, mit seinem Raumschiff, dem „Rasenden Falken“, ständig auf der Flucht vor den imperialen Truppen befindet. Das angriffige Endlos-Geplänkel zwischen Ford und Fisher, das ja schon im ersten *Star Wars*-Film begonnen hatte und das sozusagen die *offensichtliche* Tatsache überdeckt, dass Solo und Leia ineinander verliebt sind, findet dann in *The Empire Strikes Back* auch sein Ende, und zwar durch das Einfrieren von Solo in sogenanntes „Karbonit“. Kurz bevor Darth Vader also den endgültigen Befehl zum Einfrieren von Solo gibt, kommt es *endlich* zu dem Liebes-Geständnis, auf das die Zuseher fast 1 ¾ Filme lang gewartet haben:

PRINZESSIN LEIA

Ich liebe dich.

HAN SOLO

I weiß.

Apropos „Karbonit“ und Solo. Jedes Mal, wenn ich mir *Return of the Jedi* ansehe und es zu der Szene kommt, in der Harrison Ford von Carrie Fisher, im Palast von Solo-Gegenspieler „Jabba the Hutt“ (am ehesten noch als ein „schneckenförmiges Alien“ zu bezeichnen :-)), wieder aufgetaut wird, dann muss ich daran denken, dass die Filmwelt 1983 nicht mehr dieselbe war wie 1980, am allerwenigsten für Harrison Ford, denn der Spielberg- & Lucas-Action- und Abenteuerfilm-Meilenstein *Raiders of the Lost Ark* (1981; Jäger des verlorenen Schatzes; Regie: Steven Spielberg) hatte Ford zuvor endgültig in die Riege der absoluten Superstars befördert und ganz nebenbei überhaupt die Standards für Action- und Abenteuer-Filme neu definiert. Man könnte also sagen (auch wenn sich das, zugegeben, irgendwie auch leicht albern und infantil anhört :-)): Harrison Ford wurde in *The Empire Strikes Back* als erfolgreicher Schauspieler (und als „*Han Solo*“) eingefroren und in *Return of the Jedi* als weltweiter Superstar (und als „*Indiana Jones*“) wieder aufgetaut :-).

Die allerneueste *Star Wars*-Trilogie, bestehend bisher aus *Star Wars: The Force Awakens* (2015; Star Wars: Das Erwachen der Macht; Regie: J. J. Abrams) und *Star Wars: The Last Jedi* (2017; Star Wars: Die letzten Jedi; Regie: Rian Johnson), kann, obwohl die Einspielergebnisse für die Macher traumhaft sind, so geht es mir persönlich jedenfalls, in keiner Sekunde die Begeisterung hervorrufen, die die drei Prequels oder gar die Ur-Trilogie zu entfachen im Stande waren. Natürlich bieten *The Force Awakens* und *The Last Jedi*, durch die erneute Beteiligung von Ford, Hamill und Fisher, einen gewissen „Retro-Touch“, und Han Solo’s Film-Tod in *The Force Awakens* geht jedem *Star Wars*-Fan irgendwie ans Herz, aber rein *atmosphärisch* liegen die beiden neuen Filme weit abgeschlagen hinter den vorangegangenen sechs (von den beiden *Star Wars*-Spin offs *Rogue One: A Star Wars Story* aus 2016, Regie: Gareth Edwards, und *Solo: A Star Wars Story* aus 2018, Regie: Ron Howard, rede ich erst gar nicht…).

Nur eines noch zum Thema *Star Wars*: Glücklicherweise habe ich vor circa acht bis zehn Jahren noch irgend so eine „DVD-Limited Edition" der Ur-Trilogie ergattert, in der, neben den *neu überarbeiteten Fassungen* von *Star Wars*, *The Empire Strikes Back* und *Return of the Jedi*, welche Ende der 90er ins Kino gekommen sind, auch die *Original-Kinofassungen* von 1977, 1980 und 1983 enthalten sind. Die Original-Fassungen haben zwar auf DVD irgendwie lediglich VHS-Qualität, sind mir aber allemal lieber als die „neu durchnummerierten" (ich meine dieses „Episode IV-VI"-Ding!) Neu-Fassungen mit den Zusatz-Szenen, die kein Mensch wirklich braucht, weil sie wie *Fremdkörper* in den alten Filmen wirken (selbst die neu hinzugefügten Szenen zwischen Han Solo und Jabba the Hutt im 1977er-Film hätte sich Lucas eigentlich sparen können).

II

DR. HENRY „INDIANA" JONES JR.

(zu seinen Studenten während einer Vorlesung)

Archäologie ist die Suche nach Fakten. Nicht nach der Wahrheit. Wenn Sie an der Wahrheit interessiert sind,

Dr. Terry's Philosophie-Vorlesung ist am Ende des Ganges. Also vergessen Sie die Ideen von versunkenen Städten, exotischen Abenteuern und die Welt umzugraben. Wir folgen keinen Karten zu verborgenen Schätzen und noch nie hat ein „X" irgendwo irgendwann einen bedeutenden Punkt markiert.

(aus: Steven Spielberg's *Indiana Jones and the Last Crusade*/dt.: Indiana Jones und der letzte Kreuzzug; 1989)

Stellen Sie sich vor, Tom Selleck hätte wirklich, statt Harrison Ford, die Rolle von „Indiana Jones", dem Archäologen mit Fedora-Hut und Peitsche, der in Wahrheit genau die Dinge macht, die er in dem Zitat seinem Berufsstand abspricht, gespielt!

Dann hätten wir es mit einem „Indy" mit Schnauzbart und dunklen Locken zu tun bekommen, sofern Selleck halt in den Filmen so ausgesehen hätte wie als Privatdetektiv „Thomas Magnum" in der Fernsehserie *Magnum, P.I.* (1980-1988; Magnum) :-). Im Nachhinein echt schwer vorzustellen…

Irgendwann Ende der 70er-Jahre sollen, der Legende nach :-), die beiden Freunde Steven Spielberg und George

Lucas an einem Strand gelegen und über ihre Zukunftspläne gesprochen haben. Wobei das eine „Hollywood-Wunderkind“, Lucas, gerade mit *Star Wars* den bis dato erfolgreichsten Film der Filmgeschichte abgeliefert und somit dem anderen „Hollywood-Wunderkind“, Spielberg, den Rang abgelaufen hatte, da *Star Wars* Spielberg‘s *Jaws* von der Spitzenposition verdrängt hatte (dasselbe Kunststück war Lucas in den ersten Monaten des Jahres 1997 noch einmal gelungen, wo die *Star Wars*-Neufassung *Star Wars: Episode IV – A New Hope* Spielberg‘s *Jurassic Park* aus dem Jahr 1993 vom Tron gestoßen hatte; danach war aber Schluss und James Cameron war dran :-), ab Dezember 1997 mit *Titanic* und 2009 mit *Avatar*/dt.: Avatar - Aufbruch nach Pandora). Spielberg jedenfalls meinte damals zu Lucas, dass er gerne irgendwann einmal einen *James Bond*-Film drehen würde, während Lucas davon träumte, einen Film über „einen Archäologen mit Hut und Peitsche“ zu machen. Nun, einen Bond-Film hat Spielberg bekanntlich nie gedreht, dafür aber wurde er wenig später von Lucas als Regisseur „angeheuert“, für diesen angedachten *Ein Archäologe mit Hut und Peitsche*-Abenteuer-Film!

Raiders of the Lost Ark, also, genau genommen, nicht „*Jäger des verlorenen Schatzes*", wie der deutsche Verleihtitel meint, sondern eher „*Plünderer der verlorenen Bundeslade*" (ich weiß allerdings nicht, ob der Film mit *so* einem Verleihtitel in deutschsprachigen Ländern ein Erfolg geworden wäre :-)), von 1981 gilt ja gemeinhin wirklich zurecht als *einer der unterhaltsamsten Filme aller Zeiten.* Er ist, bleibt man jetzt mal *objektiv*, sicherlich bis heute auch der beste der ganzen *Indiana Jones*-Serie. Der Film ist voller Highlights, ein Höhepunkt jagt sozusagen den anderen, und die Action-Sequenzen sind legendär und für sich gesehen schon „Meilensteine der Filmgeschichte". Man denke da nur an die kultige Eingangssequenz, in der „Indy" Harrison Ford in den 1930er-Jahren, genau: 1936, in den Urwäldern Peru's nach einer goldenen Götzenfigur sucht, die er in einem mit zahlreichen Fallen gespickten Tempel schließlich findet und entwendet, was sogar dazu führt, dass er einer *wirklich* riesigen Kugel davonlaufen muss, die plötzlich im Tempel hinter ihm her rollt. Aber auch jene Sequenzen, in denen Jones einem LKW der Nazis hinterherjagt, in dem sich die „Bundeslade" (ein mythischer Kultgegenstand des Volkes Israel, in dem angeblich die „Originalfassung" der 10 Gebote, auf zwei Steintafeln gemeißelt, aufbewahrt wurde) befindet, und sich dann in

Folge einmal *in* dem LKW, einmal *davor*, einmal *dahinter*, dann wieder *unter* dem LKW befindet, als Konsequenz seines erbitterten Kampfes mit den Nazi-Soldaten, die den LKW fahren bzw. bewachen, sind einfach nur *großartig*! Derartige Action-Szenen kannte man zuvor eigentlich nur aus Bond-Filmen, aber Spielberg und Produzent Lucas haben sich da selbst übertroffen und der Einfluss von *Raiders of the Lost Ark* auf das Kino und Action-Kino speziell der 80er war dementsprechend riesig. So ist der ganze Indien-Teil des 1983 erschienenen Roger Moore-Bond-Films *Octopussy* (James Bond 007 – Octopussy; Regie: John Glen) mit seinen Abenteuer-Elementen in Wahrheit eine einzige *Verbeugung* vor *Raiders*.

Der eigentliche *Magic Moment* dieses ersten *Indiana Jones*-Films ist aber natürlich jener Moment, in dem „Indy“ auf einem Marktplatz in Kairo mit einer ganzen Reihe von Einheimischen kämpft (denen es letztendlich, im Auftrag von Jones‘ Gegenspieler Belloq, gespielt von Paul Freeman, und der der Bundeslade ebenfalls hinterher jagenden Nazis, gelingt, Jones‘ Partnerin Marion Ravenwood, wunderbar tough gespielt von Karen Allen, zu entführen) und dabei irgendwann ein riesiger Mann mit Turban und Säbel auftaucht, der mit dem Säbel wild herumfuchtelt. Anstatt in den üblichen Mann gegen Mann-Fight zu gehen, zieht Ford aber nur genervt seine Schusswaffe, erschießt den Mann fast beiläufig und dreht sich gleich wieder von diesem weg. Diese praktikable „Problem-Lösung“, die sicherlich schon 1981 im Kino eine ganze Menge Zuseher zum Lachen gebracht hat, war im Drehbuch aber *so* ganz und gar nicht vorgesehen und ist nur entstanden, weil Harrison Ford an den Drehtagen zur Marktplatz-Szene an, naja, starkem Durchfall gelitten hat (ist wirklich kein Scherz :-)).

Zum Thema „*Welcher Schauspieler kann einen Universitätsprofessor halbwegs glaubhaft rüberbringen?*“ habe ich mich schon einmal in einem Artikel über Tom Hanks geäußert, aber trotzdem muss ich mich noch einmal wiederholen, denn, obwohl „Dr. Jones“ als Archäologe wahrlich ein „Praktiker“ ist, nimmt man Ford in jeder Sekunde sogar den Akademiker und Professor ab, aber eigentlich noch viel mehr, man nimmt ihm sogar auch ab, dass er sich womöglich dann irgendwann hinsetzt und ein Buch schreibt (und das ist etwas, was Tom Selleck, der wegen seines Engagements bei *Magnum, P.I.* für die *Indiana Jones*-Rolle verhindert war, vielleicht, *nein* – ganz sicher sogar, weniger gut rübergebracht hätte). Ford ist und bleibt für mich deshalb der *beste und vor allem auch sympathischste Universitäts-Professor der Filmgeschichte!*

Die Tatsache, dass Ford als Akademiker eben sehr glaubwürdig rüberkommt, hat sich auch Roman Polanski für seinen 1988 erschienenen Thriller *Frantic* zu Nutze gemacht, in dem Ford den Arzt Richard Walker spielt, dessen Ehefrau aus zunächst völlig ungeklärten Gründen in Paris entführt wird. Dazu aber später mehr…

INDIANA JONES

(zu dem Bösewicht „Mola Ram“)

Mola Ram. Du darfst dich bereit machen, Kali zu sehen. In der Hölle!

(Mola Ram. Prepare to meet Kali. In hell!)

(aus: Steven Spielberg's *Indiana Jones and the Temple of Doom*/dt.: Indiana Jones und der Tempel des Todes; 1984)

Niemand von den Machern scheint mittlerweile mehr *Indiana Jones and the Temple of Doom* aus 1984 wirklich zu mögen. Weder der Produzent Lucas, noch der Regisseur Spielberg. Letzterer schon gar nicht, denn der bezeichnet den zweiten *Indiana Jones*-Film sogar gern als den Film, den er am wenigsten von *allen* seinen Filmen mag, wobei er zumindest zugeben muss (und das auch immer tut), dass der Film ihm im privaten Bereich Glück gebracht hat, denn immerhin hat er bei den Dreharbeiten seine Noch-immer-Ehefrau Kate Capshaw kennengelernt, die in dem Werk die Tänzerin Wilhelmina „Willie" Scott spielt, die es mit Indiana Jones nach Indien verschlägt, wo beide, samt ihres jungen chinesischen Begleiters „Shorty" (gespielt von Jonathan Ke Quan), in eine wahrlich blutrünstig-abgründig-bizarre Geschichte verwickelt werden, in deren Mittelpunkt die Jagd nach den sagenumwobenen „Shankara-Steinen" (Shankara war ein Philosoph und Lehrer des Hinduismus; lebte von ca. 788 bis etwa um 820) steht. Wobei man anmerken muss, dass Kate Capshaw's Figur der „Willie" Scott eine wirklich *schlechte* Frauenfigur ist, die einem mit dem Dauergekreische, das sie in dem Film abliefern muss, schnell auf die Nerven geht und ein echter Rückschritt zu Karen Allen's wie gesagt tough daherkommender „Marion Ravenwood" aus *Raiders of the Lost Ark* ist. Kate Capshaw selbst hat im Nachhinein ihre „Willie" Scott-Figur als *„not much more than a dumb screaming blonde*" bezeichnet :-).

Aber sei's drum: Ich selbst mochte den im Jahr 1935 (also zeitlich *vor* Teil 1) angesiedelten *Indiana Jones and the Temple of Doom* eigentlich immer schon. Er war Mitte der 80er der erste *Indiana Jones*-Film, den ich gesehen habe, und seine Düsternis, seine (manchmal wirklich übertriebene) Härte, sein exotisches Flair, das alles waren Dinge, die mich sofort angesprochen haben. Außerdem kommt der indische Schauspieler Amrish Puri (1932-2005) als Thuggee-Priester „Mola Ram“ (die „Thuggees“ waren eine historische Bruderschaft von religiös verbrämten Mördern und Straßenräubern) darin echt unheimlich rüber und erzeugt eine Furcht einflößende Präsenz, die den ganzen Film, der in der Tat, das muss ich zugeben, ein wenig das Potential hat, zum „idiotischen Spektakel“ zu verkommen, nochmal auf ein höheres Level befördert. Amrish Puri ist mit seiner Leistung ganz klar *der beste Bösewicht in der gesamten Indiana Jones-Reihe*, weit besser als „Belloq“ Paul Freeman in *Raiders* oder gar als „Walter Donovan“ Julian Glover in Teil 3 oder als „Irina Spalko“ Cate Blanchett in dem eher durchwachsenen vierten Teil *Indiana Jones and the Kingdom of the Crystal Skull* (2008; Indiana Jones und das Königreich des Kristallschädels; Regie: Steven Spielberg). Aber ganz generell sind Spielberg die Szenen im Thuggee-Tempel phantastisch gelungen und sie sind letztendlich Ausdruck dafür, dass er zu diesem Zeitpunkt, nach *E.T. the Extra-Terrestrial* (1982; E.T. – Der

Außerirdische) und vor *The Color Purple* (1985; Die Farbe Lila), auf dem Höhepunkt seiner (Unterhaltungs-)Kunst war. Manchmal hat man bei den Tempel- und Opferungs-Szenen, die von fiebrig-meditativen Thuggee-Gesängen umrahmt werden, sogar das Gefühl, man wäre in die Alptraumwelten des niederländischen Renaissance-Malers Hieronymus Bosch (1450-1516) abgetaucht – wirklich unheimlich, aber auch beeindruckend und mitreißend!

DR. HENRY JONES SR. (Sean Connery)

(zu einem Nazi-Soldaten, der ihn mit einer Waffe bedroht)

Sie Trottel! Sie glauben tatsächlich, dass mein Sohn so dämlich ist, dieses Tagebuch den weiten Weg hierher mitzunehmen?

Du hast es doch nicht, oder?

Nein, du hast es nicht bei dir.

INDIANA JONES

(verlegen)

Weißt du. Ich, äh...

DR. HENRY JONES SR.

Du hast es...

INDIANA JONES

Hör zu, könnten wir später darüber reden...

DR. HENRY JONES SR.

(sichtlich erzürnt)

Ich hätte es besser an die Marx-Brothers geschickt!

(aus: *Indiana Jones and the Last Crusade*; 1989; *Anmerkung*: In dem erwähnten Tagebuch befinden sich wichtige Aufzeichnungen von Jones Sr. bezüglich der Grals-Suche)

Die Besetzung von *Bond*-Legende Sean Connery als Indy's Vater „Dr. Henry Jones Sr." in *Indiana Jones and the Last Crusade* von 1989 ist sicherlich der größte Besetzungs-Coup, den Spielberg und Lucas innerhalb der *Indiana Jones*-Reihe gelandet haben, abgesehen natürlich von der Wahl Ford's als Hauptdarsteller :-).

Die Wortduelle zwischen Vater und Sohn, zwischen „Jones Sr." und „Jones Jr.", sind, wie man sicherlich auch aus dem obigen Zitat ableiten kann, dementsprechend zweifelsohne die Highlights dieses mehr als nur gelungenen Films, der hauptsächlich (zu Beginn sieht man ja den jungen „Indy“, gespielt von River Phoenix, im Jahr 1912 agieren) wiederum in den 30er-Jahren, genau: 1938, spielt. Die Chemie zwischen Ford und Connery ist schlichtweg *phantastisch* und nie hat man das Gefühl, dass man hier, was den Vater-Sohn-Aspekt betrifft, in Wahrheit an der Nase herumgeführt wird, denn Connery (Jahrgang 1930) und Ford (Jahrgang 1942) trennen bekanntlich nur 12 Jahre! Dennoch ist es heute, genauso wie damals, 1989, wo ich den Film gemeinsam mit *meinem* Vater in einem Grazer Kino gesehen habe, immer wieder ein großes Vergnügen, den beiden Schauspielern (die wunderbar von den Nebendarstellern „Sallah“ John Rhys-Davies und „Dr. Marcus Brody“ Denholm Elliott, die beide ja schon in *Raiders of the Lost Ark* mit von der Partie waren, unterstützt werden) bei ihrer Suche nach dem „Heiligen Gral“, der zentralen Reliquie des Christentums, die im Film als Kelch dargestellt wird, zuzusehen. Connery‘s überzeugende *Ich bin in Wahrheit ein Bücherwurm und in die Sache nur hineingeraten*-Attitüde, seine Ungeschicktheit, die seinen Sohn mehr als einmal im Film in Bedrängnis bringt, Ford’s

Mischung aus Unterwürfigkeit und Sich-Behaupten gegenüber dem eigenen Vater, das alles sind Aspekte des Spielberg-Films, die wiederum meinen in einem anderen Artikel bereits geäußerten Eindruck untermauern, nämlich, dass *Connery und Ford das beste und pfiffigste Vater- & Sohn-Duo der Filmgeschichte* sind!

Und außerdem: Wer's hinkriegt, wie Indiana Jones in der Mitte von *Indiana Jones and the Last Crusade*, in Berlin, auf der Suche nach dem wichtigen „Grals-Tagebuch" seines Vaters, im Rahmen einer wirklich *kühnen* und *amüsanten*, von Spielberg und Lucas sowie natürlich von Drehbuchautor Jeffrey Boam (1946-2000; z. B. auch: 1989: *Lethal Weapon 2*/dt.: Lethal Weapon 2 – Brennpunkt L.A.) ersonnenen, Szene, durch reinen Zufall ein *Autogramm* vom „Führer" Adolf Hitler zu bekommen und in der Folge auch noch ungeschoren davonzukommen, der ganzen dort in Berlin gerade Bücher verbrennenden Nazi-Bande zu entfliehen, dem ist *ein Platz in der Filmgeschichte* ohnehin sicher!

III

Aha, endlich ein Film, in dem Helen Mirren einmal nicht nackt zu sehen ist!

Obwohl ich *natürlich* überhaupt nichts dagegen habe, Helen Mirren in einem Film nackt zu sehen :-), waren das meine Gedanken, als ich *Mosquito Coast* (literarische Vorlage: Paul Theroux) aus 1986 das erste Mal gesehen habe, einen der ungewöhnlichsten „Harrison Ford-Filme" überhaupt, denn in diesem Werk, das vom australischen Star-Regisseur Peter Weir (z. B.: 1998: *The Truman Show*/dt.: Die Truman Show; 2003: *Master and Commander: The Far Side of the World*/dt.: Master & Commander – Bis ans Ende der Welt) inszeniert wurde, hat sich Ford ganz weit weg von seinem Han Solo- und Indiana Jones-Image begeben, so wie ein Jahr zuvor schon in dem formidablen Thriller *Witness* (1985; Der einzige Zeuge), der ebenfalls von Weir inszeniert wurde. Allerdings: Dieser zweite Versuch Ford's, als Charakterdarsteller zu punkten, ist unterm Strich, wenn man den *gesamten* Film betrachtet, etwas weniger überzeugend als sein erster in *Witness*. Trotzdem ist Ford's Darstellung des Erfinders „Allie Fox", der mit seiner Familie, sozusagen aus Protest gegen die „Konsumgesellschaft“, der USA den Rücken kehrt, sich zunächst im Dschungel von Honduras niederlässt und dort eine riesige „Kältemaschine“ (eine Maschine, die aus Wärme Eis produzieren kann) konstruiert, absolut sehenswert. Obwohl der Film wahrlich dialoglastig ist und *unbedingt* seine „Anti-Konsum-Botschaft“ rüberbringen und erzählen will, zählt Ford's konsequente Wandlung darin vom eigensinnigen Erfinder zum Tyrannen, der am Ende den Verstand verliert und so zur Bedrohung für seine Frau und seine vier Kinder wird, sicherlich zu den besten Leistungen seiner Karriere. Aber auch Ford's Co-Stars in *Mosquito Coast* sind interessant. Die wunderbare Helen Mirren, die einst einen Eintrag im *Guinness Book of Records* hatte als *die Frau, die am öftesten in Filmen nackt zu sehen war* (als „Beispiel-Filme“ hierfür könnte man Tinto Brass‘ Skandalwerk und „erotic historical drama film“ *Caligula* aus 1979 nennen oder Peter Greenaway's Meisterwerk *The Cook, the Thief, His Wife & Her Lover*/dt.: Der Koch, der Dieb, seine Frau und ihr Liebhaber aus 1989), spielt Ford's Ehefrau. Der viel zu jung verstorbene River Phoenix (1970-1993), von dessen großem Talent man sich vor allem in Rob Reiner‘s Stephen King-Verfilmung *Stand by Me* (1986; Stand by Me – Das Geheimnis eines Sommers) und Gus Van Zant's (zumindest in den 90ern :-)) legendärem Kultklassiker *My Own Private Idaho* (1991; My Private Idaho) überzeugen hat können, gibt Ford's Sohn, der sich als erster gegen den immer seltsamer agierenden Vater aufzulehnen beginnt. Wie bereits erwähnt, spielte Phoenix 1989 dann auch den jungen „Indy“ in *Indiana Jones and the Last Crusade*.

In gewisser Weise verschlug es Ford aber schon 1985, in der oben angeführten ersten Zusammenarbeit zwischen ihm und dem Australier Peter Weir, in *Witness*, von der Großstadt und der Zivilisation in die Natur und Einöde, was ohnehin stets eines der Hauptmotive in Weir's Filmen war (man denke da nur an den „Indonesien-Film“ *The Year of Living Dangerously*/dt.: Ein Jahr in der Hölle von 1982 mit Mel Gibson und Sigourney Weaver oder an den Horrorfilm-Meilenstein *Picnic at Hanging Rock*/dt.: Picknick am Valentinstag aus 1975).

Witness beginnt wie ein konventioneller Thriller. Ein eben zur Waise gewordener Amish-Junge (*Anmerkung*: Die *Amish* sind eine täuferisch-protestantische Glaubensbewegung, die Landwirtschaft betreibt und bestimmte moderne Techniken ablehnt), gespielt von Lukas Haas, wird auf einer Bahnhof-Toilette in Philadelphia der einzige

Zeuge eines grausigen Mordes (der im Übrigen relativ explizit dargestellt wird) an einem Mann, wobei sich im Laufe der Geschichte dann schnell herausstellt, dass sowohl das Opfer als auch die beiden Täter Cops waren (in einer herrlich unsympathischen Rolle, als Kehlen-durchschneidender Cop „McFee“, ein Lieutenant des Rauschgiftdezernats, der aber selbst in den Drogenhandel verwickelt ist, ist hier der spätere Co-Star von Mel Gibson in den *Lethal Weapon*-Filmen, nämlich Danny Glover, zu sehen). Der gestresste Großstadt-Cop John Book, der von Ford gespielt wird, muss sich in der Folge mit den beiden „Amish-Landeiern“, nämlich dem Jungen und dessen ebenfalls sehr sperrig agierenden Mutter, gespielt von *Top Gun* (1986; Regie: Tony Scott)-Star Kelly McGillis, herumschlagen, aber schließlich sogar mit ihnen aufs Land flüchten, da Ford herausfindet, dass sogar sein eigener Chief in die Drogen-Sache mit verwickelt ist. Der von McFee angeschossene Book muss also bei den auch aus seiner Sicht „schrulligen“ Amish-Leuten untertauchen und wird Teil ihrer Welt, indem er bei der Landwirtschaft und bei sonstigen Arbeiten hilft. Der Kontrast zwischen der Großstadt Philadelphia, der modernen Zivilisation, und dem Landleben wird durch wirklich eindrucksvolle und ruhige Landschaftsaufnahmen (Kamera: John Seale), die allesamt in

Lancaster County in Pennsylvania entstanden sind, unterstrichen. Wobei man anmerken muss, dass die *Langsamkeit* dieses anspruchsvollen Films, also sein Tempo, schon damals, in den 80ern, zumindest ungewöhnlich war, heutzutage die meisten Zuseher aber sicherlich auch irgendwie zur Verzweiflung bringen würde :-).

Herzstück des Films ist dementsprechend aber auch die wunderbar *langsam* und *vorsichtig* vollzogene Annäherung zwischen Ford und McGillis, denn, was, wie gesagt, als doch recht konventioneller Thriller beginnt, wird zu *einer der interessantesten Liebesgeschichten des 80er-Jahre-Kinos!*

Der *Magic Moment* von *Witness* ist dann folglich zweifellos jene Szene, in der „John Book“ Harrison Ford, zunächst heimlich, die halbnackte „Rachel Lapp“ Kelly McGillis beobachtet, wie sie gerade dabei ist, sich mit einem Schwamm zu waschen. Als sie dann merkt, dass Ford sie beobachtet, dreht sie sich um und beide sehen sich so an, dass man das Verlangen der beiden nacheinander förmlich *spürt*, ein Verlangen, das aber ein unterdrücktes bleibt. Am Tag danach spricht Book dann gegenüber Rachel Lapp die Gründe dafür aus, warum das Ganze zwischen ihnen wohl nichts werden kann:

JOHN BOOK

Rachel. Wenn wir uns gestern Nacht geliebt hätten, hätte ich bleiben müssen. Oder du hättest gehen müssen.

Peter Weir wäre aber nicht Peter Weir, wenn er, völlig unkritisch gegenüber den Strukturen, die solche (die proklamierte „Gewaltfreiheit" der Amish hin oder her) unterm Strich dennoch militanten Religionsgemeinschaften, wie es die Amish nun einmal sind, zwangsweise mit sich bringen, *nur* eine ländliche Idylle gezeichnet hätte, in der der „gestresste Großstädter" Harrison Ford zu sich selbst findet. Nein, es werden durchaus auch die restriktiven, patriarchalischen, unterdrückenden Strukturen gezeigt, die Religionsgemeinschaften dieser Art oder auch Sekten ganz generell immer an sich haben. Insofern ist Weir da genauso konsequent wie Lars von Trier in seinem radikalen Meisterwerk *Breaking the Waves* (1996), in dem sich die junge „Bess McNeill", *unnachahmlich* gespielt von Emily Watson, in den 70er-Jahren mit den Vertretern der tiefreligiösen calvinistischen Gemeinde an der Küste Schottland's herumschlagen muss, in der sie lebt.

Witness, dieses Film-Juwel aus den 80ern, das im Übrigen auch ein fantastisches Finale aufweist, das man mit

„drei korrupte Cops gegen Harrison Ford auf einem Bauernhof“ :-) umschreiben könnte, brachte Ford die erste und einzige Oscar-Nominierung seiner Karriere ein, wobei er und noch drei andere sich aber gegen William Hurt geschlagen geben mussten, der den Hauptdarsteller-Oscar für Hector Babenco's Kultfilm *Kiss of the Spider Woman* (1985; Kuss der Spinnenfrau) einheimste. Amüsant ist vielleicht auch noch, dass *The Lord of the Rings* (2001-2003; *Der Herr der Ringe*-Trilogie; Regie: Peter Jackson)-Star Viggo Mortensen in *Witness* sein Kinodebüt gegeben hat, denn er spielt darin die kleine Rolle des Amish-Mannes „Moses Hochleitner“.

REPLIKANT ROY BATTY (Rutger Hauer)

(zu „Rick Deckard“ Harrison Ford)

Ich habe Dinge gesehen, die ihr Menschen niemals glauben würdet.

Gigantische Schiffe, die brannten, draußen vor der Schulter des Orion.

Und ich habe C-Beams [C-Strahlen] *gesehen, glitzernd im Dunkeln, nahe vor dem Tannhäuser Tor.*

Alle diese Momente werden verloren sein...in der Zeit.

So wie Tränen im Regen.

Zeit, zu sterben.

(I've seen things you people wouldn't believe.
Attack ships on fire off the shoulder of Orion.
I watched C-beams glitter in the dark near the Tannhäuser Gate.
All those moments will be lost...in time.
Like tears in the rain.
Time to die.)

(*aus*: Ridley Scott's Science Fiction-Film *Blade Runner*; 1982)

Die letzten (an Harrison Ford, an den Mann, der ihn im Film jagt, gerichteten) Worte des „*Replikanten*" (*Anmerkung*: Das sind in *Blade Runner* künstliche Menschen, deren Lebensdauer auf vier Jahre begrenzt ist, die aber äußerlich nicht mehr von wirklichen Menschen unterscheidbar sind) „Roy Batty", wunderbar vielschichtig (und auch *böse*) gespielt von Rutger Hauer, dem charismatischen Niederländer, der in den 70ern einst durch seine Zusammenarbeit mit Regisseur Paul Verhoeven in *Türkische Früchte* (1973; Turks fruit), dem, wie es einst ganz offiziell hieß, „*besten niederländischen Film des Jahrhunderts*“, populär wurde und den es in den 80ern nach Hollywood verschlagen hat, wo er dann leider, nach ein paar filmischen Highlights (wie eben *Blade Runner*, *Nighthawks*/dt.: Nachtfalken von Bruce Malmuth aus dem Jahr 1981 oder *The Osterman Weekend*/dt.: Das Osterman Weekend von Sam Peckinpah aus 1983), etwas in die B-Movie-Schiene geraten ist, sind der mitreißende und berührende Höhepunkt von Ridley Scott's berühmten „*Cyberpunk*“-Science Fiction-Film aus dem Jahre 1982, der auch den damals bereits verstorbenen Autor der Vorlage, Philip K. Dick (1928-1982), posthum berühmt gemacht hat. Wobei man sagen muss, dass Hauer‘s Worte, die eben tiefes Bedauern darüber ausdrücken, dass seine Zeit als künstlicher Mensch, als „Replikant“, unaufhaltsam abläuft (eine bittere Tatsache, gegen die sich Batty, zusammen mit ein paar anderen „Replikanten“, schließlich ja den ganzen Film über, und mitunter auch mit brutalsten Mitteln, stemmt), in der deutschen Synchronisation noch viel intensiver rüberkommen als im englischen Original. Überhaupt ist *Blade Runner* eines der wenigen Beispiele dafür, dass Synchronisationen besser sein können als Original-Fassungen, und das ist eben Wolfgang Pampel und Thomas Danneberg zu verdanken, denn Pampel ist ohnehin Ford's vertraute deutsche Standardsynchronstimme (und selbst Harrison Ford ist angeblich der Meinung, dass Pampel's Stimme sein Wesen besser trifft als seine eigene :-)) und Danneberg (im Übrigen die Standardsynchronstimme von Arnold Schwarzenegger, Sylvester Stallone, John Travolta und Terence Hill) hat aus Hauer's Abschiedsworten ein echtes *Synchronisations-Highlight* geschaffen. Ein Film, der in der deutschen Synchronfassung tatsächlich auch besser wirkt als im Original, ist Stephen Frears sensationelle Literaturverfilmung *Dangerous Liaisons* (Gefährliche Liebschaften; literarische Vorlage: Choderlos de Laclos) aus dem Jahr 1988, in der John Malkovich (als „Vicomte de Valmont") sowie Glenn Close und Michelle Pfeiffer wahrlich Großartiges leisten. Die Sache ist eben nur, dass die deutsche Synchronisation (hervorzuheben ist hier vor allem Joachim Tennstedt als Stimme von Malkovich) aus *Dangerous Liaisons* verblüffenderweise einen noch besseren, überzeugenderen, ja sogar vielschichtigeren Film macht! Ein drittes Beispiel für einen Film, der in der deutschen Synchro irgendwie hinzugewinnt, ist auch noch Stanley Kubrick's legendäres *A Clockwork Orange* (1971; Uhrwerk Orange; literarische Vorlage: Anthony Burgess), der auf Deutsch fast noch eine Spur „unangenehmer" wirkt als im Original.

Aber, um ganz ehrlich zu sein, schätze ich *Blade Runner* erst seit etwa zwanzig Jahren, denn in den alten Videotheken-Zeiten der 80er-Jahre, in denen ich mir diesen „Harrison Ford-Film“ das erste Mal zur Gemüte geführt habe, kam er mir, bei aller visueller Brillanz, die ja fast jeder von Ridley Scott inszenierter Film hat, ungeheuer „*langweilig*“ und „*langatmig*“ vor und löste bei mir eher Gedanken aus wie den folgenden: *Was bitte tut Han Solo und Indiana Jones in so einer Schnarch-Nummer?!*

Und tatsächlich ist Scott's Werk, das sich vielleicht ab und an ein bisschen zu sehr in einer „80er-Jahre-Werbeclip-Ästhetik“ verliert, tendenziell eher so etwas wie ein „*Arthouse*-Science Fiction-Film“ (ähnlich wie auch Scott's *Alien*/dt.: Alien – Das unheimliche Wesen aus einer fremden Welt aus dem Jahr 1979), auf jeden Fall aber ein „Anti-*Star Wars*-Science Fiction-Film“, das Gegenprogramm zum Kino von Lucas und auch des *damaligen* Spielberg, wobei natürlich gerade der Umstand, dass *ausgerechnet* Harrison Ford, bekanntlich der damalige Lieblingsschauspieler von Lucas und Spielberg, darin die Hauptrolle spielt, zusätzlich spannend ist. Heute finde ich vor allem diesen zentralen „Ein künstlicher Mensch leidet an seiner

Sterblichkeit"-Aspekt interessant an *Blade Runner*, genauso wie die eigentlich tolle Film-Musik von *Vangelis*, einem der Poniere der elektronischen Musik.

Die Tatsache, dass der Regisseur, Ridley Scott, immer wieder gerne an *Blade Runner* herumgeschnitten hat (1992 entstand ein *Director's Cut* des Films sowie 2007 ein *Final Cut*), mag nicht verwundern, wenn man weiß, dass ihm für die 82er-Original-Kino-Fassung von den Produzenten *Voice-over*-Kommentare aufgezwungen worden waren, zur besseren Erklärung der Handlung, sowie eine Art „Happy End", in dem Ford zusammen mit der „Replikantin" Rachael (gespielt von Sean Young) am Ende mit seinem Auto durch ein Waldgebiet (*absurderweise* wurden dafür *übriggebliebene* Luft-Aufnahmen von Wäldern aus dem Beginn von Stanley Kubrick's Horrorfilm *The Shining*/dt.: Shining aus 1980 verwendet) fährt und sich „optimistisch" bezüglich ihrer gemeinsamen Zukunft äußert. Der von Scott 2007 autorisierte *Final Cut* präsentiert uns schließlich so etwas wie ein *offenes Ende*, denn der Film endet dort, wo Ford mit Young in den Fahrstuhl steigt und in eine ungewisse Zukunft geht, denn man weiß, dass Rachael als „Replikantin" ohnehin kein langes Leben beschert sein wird. Aber: Vielleicht gibt's ja irgendwann mal den *Final Final Cut* von *Blade Runner* – wir werden sehen :-).

Gar keine Frage, es gibt ein „*Jack Ryan-Problem*“ in der Filmbranche!

Obwohl es eigentlich schon insgesamt fünf Kino-Filme (und eine TV-Serie) mit dem einst von Bestseller-Autor Tom Clancy erfundenen „US-*Ersatz*-Bond“ gibt, kann man wohl kaum von einer „Film-Reihe“ im herkömmlichen Sinn sprechen, denn die Filme betrachtet wohl niemand *ernsthaft* als irgendwie zusammengehörig oder unterzieht jetzt *wirklich* die Jack Ryan-Darsteller so einem „Check“, wie es die Bond-Darsteller stets über sich ergehen lassen müssen. Und ganz sicher hält niemand den „Ur-Jack Ryan“ Alec Baldwin, der die Rolle in John McTiernan's *The Hunt for Red October* (1990; Jagd auf Roter Oktober), also in der durchaus gelungenen Verfilmung von Clancy's Bestseller, gespielt hat, für den „bisher besten Jack Ryan-Darsteller“ :-), so wie man Connery im Allgemeinen für den „besten Bond *ever*“ hält, wobei ja ausgerechnet Connery witzigerweise jenen sowjetischen U-Boot-Kapitän in *The Hunt for Red October* spielt, der mit seinem Atom-U-Boot zur NATO überlaufen möchte. McTiernan's präzise und spannend inszeniertes Werk ist aber bis heute sicherlich der beste unter den „Jack Ryan-Filmen".

Der „bisher beste Jack Ryan-Darsteller" ist aber gewiss nicht in den Reihen von Ben Affleck oder Chris Pine zu finden, die die Rolle in *The Sum of all Fears* (2002; Der Anschlag; Regie: Phil Alden Robinson) beziehungsweise in *Jack Ryan: Shadow Recruit* (2014; Regie: Kenneth Branagh) gespielt haben, sondern, der „bisher beste Jack Ryan-Darsteller" ist, *natürlich* – möchte man sagen, Harrison Ford, der den CIA-Mann gleich in zwei sehr erfolgreichen Filmen, nämlich in *Patriot Games* (1992; Die Stunde der Patrioten) und *Clear and Present Danger* (1994; Das Kartell), gespielt hat, die beide unter der Regie des Australiers Phillip Noyce entstanden sind und wiederum nach den literarischen Vorlagen von Tom Clancy. Und der Hauptdarsteller Ford ist dann *fast* auch schon wieder der einzige Trumpf, den die beiden Filme haben, denn sie sind, naja, beinahe erschreckend *konventionell* und „typisches" 90er-Jahre-Acion-Kino. Speziell *Patriot Games* kommt, für die damalige Zeit, für die frühen 90er, nicht ungewöhnlich, auch noch reichlich „patriotisch" und „CIA-*unkritisch*" rüber, ein Faktum, das diesen Ford-Film auch sozusagen schlecht altern hat lassen. *Clear and Present Danger* ist dann allerdings auch der klar bessere Film von den beiden, denn während Ford es in *Patriot Games* noch mit einer Splittergruppe der IRA, die von Sean Bean angeführt wird, zu tun bekommt, wird in *Clear and Present Danger* das Cali-Kartell rund um einen gewissen „Ernesto Escobedo" (gespielt von Miguel Sandoval) zu seinem Hauptgegner. Der Name „Escobedo" ist selbstverständlich nicht zufällig gewählt, denn *natürlich* stand hier der berühmt-berüchtigte kolumbianische Drogenbaron *Pablo Escobar* (1949-1993) Pate für diese Schurkenfigur. Da ich mich persönlich auch immer wieder mit dieser „sagenumwobenen", aber eben auch zutiefst schrecklichen Figur der kolumbianischen (Drogen-)Geschichte auseinandergesetzt habe, so zum Beispiel durch die Lektüre des wirklich lesenswerten Buches *Killing Pablo: The Hunt for the World's Greatest Outlaw* (erschienen 2001; dt. Titel: Killing Pablo: Die Jagd auf Pablo Escobar, Kolumbiens Drogenbaron) des Reporters Mark Bowden, ist mir diese zweite Clancy-Verfilmung mit Harrison Ford als Jack Ryan auch die liebere, wenngleich beide Werke nicht unbedingt in die Kategorie „*Meine Lieblingsfilme mit Harrison Ford*" gehören, denn da wären Spielberg's *Raiders of the Lost Ark*, Polanski's *Frantic* und Robert Zemeckis' phantastisches Spannungs-Meisterwerk *What Lies Beneath* (2000; Schatten der Wahrheit), in dem Ford, für ihn ja *völlig* untypisch, an der Seite seiner Film-

Ehefrau Michelle Pfeiffer den Bösewicht spielt, klar voran. *Clear and Present Danger* hat aber, wenn man es ganz genau nimmt, neben Ford noch ein zweites Eisen im Feuer, und das ist der wunderbare Willem Dafoe als Anführer einer verdeckt operierenden US-Elite-Einheit, die inoffiziell nach Kolumbien geschickt wird, um Escobedo für den Mord an einen US-Geschäftsmann zur Rechenschaft zu ziehen, der ein persönlicher Freund des amerikanischen Präsidenten war. Der Umstand, dass diese verdeckt operierende Elite-Einheit Dafoe's, aus politischen und „CIA-politischen" Gründen, letztendlich im Laufe des Films für einen faulen Deal zwischen der CIA und den Drogenhändlern dann geopfert werden soll, macht *Clear and Present Danger* zu einem ungleich „institutionskritischeren" Werk als *Patriot Games*.

DR. RICHARD KIMBLE

Ich sag Ihnen, ich hab meine Frau nicht umgebracht!

(I didn't kill my wife!)

DEPUTY US MARSHAL SAMUEL GERARD

(Tommy Lee Jones)

Das ist mir scheißegal!

(I don't care!)

(aus: Andrew Davis' *The Fugitive*/dt.: Auf der Flucht; 1993)

Natürlich gäbe es aus den 90ern, neben dem „thriller film"-Klassiker *The Fugitive*, aus dem das obige Zitat stammt, noch viele Filme mit Harrison Ford, die es wert wären, näher auf sie einzugehen. So wie zum Beispiel den leicht albernen *Ein US-Präsident setzt sich mit Waffengewalt gegen Flugzeugentführer zur Wehr*-Film *Air Force One* (1997; Regie: Wolfgang Petersen), in dem Ford einen US-Präsidenten spielt, der sich die Entführung seiner „Air Force One" durch Bösewicht Gary Oldman nicht gefallen lässt und die Hijacker-Truppe in Folge auch eigenhändig aufmischt, was letztendlich eine reichlich (und wohl „90er-

Jahre bedingte“) *absurde Hochstilisierung* der Figur des US-Präsidenten ist, die man so ähnlich auch aus Roland Emmerich’s Science Fiction-Blockbuster *Independence Day* (1997) kennt, wo „US-Präsident“ Bill Pullman mit in die Schlacht gegen die Außerirdischen zieht :-).

Weitaus bessere Filme als Petersen’s zumindest ideologisch *leicht* fragwürdiges Werk sind da schon die beiden Filme, die durch die Zusammenarbeit von Ford mit Regie-Legende Alan J. Pakula (1928-1998; z. B.: 1971: *Klute* mit Jane Fonda und Donald Sutherland; 1976: *All the President’s Men*/dt.: Die Unbestechlichen mit Robert Redford und Dustin Hoffman; 1993: *The Pelican Brief*/dt.: Die Akte mit Julia Roberts, Denzel Washington und Sam Shepard) entstanden sind, nämlich *Presumed Innocent* (1990; Aus Mangel an Beweisen) mit Co-Star Greta Scacchi und *The Devil’s Own* (1997; Vertrauter Feind) mit Co-Star Brad Pitt. Vor allem der Gerichtsfilm-Thriller *Presumed Innocent* ist *einer der besten Harrison Ford-Filme der 90er*, in dem der Staatsanwalt „Rozat *Rusty* Sabich“, gespielt von Ford, des Mordes an seiner Kollegin „Carolyn Polhemus“, gespielt von dem späteren *Salt on Our Skin* (1992; Salz auf unserer Haut; Regie: Andrew Birkin)-Star Greta Scacchi, beschuldigt wird. Am Ende stellt sich aber heraus, dass Sabich’s Ehefrau Barbara, gespielt von Bonnie Bedelia (der Film-Ehefrau von Bruce Willis in der *Die Hard*-/Stirb langsam-Reihe!), den Mord begangen hat, mit dem sie sozusagen ihre Nebenbuhlerin aus dem Weg geräumt hat.

Weit weniger positive Resonanz bei Kritik und Publikum hat der zweite Ford-/Pakula-Film *The Devil's Own* erfahren, obwohl das Duo Ford/Pitt durchaus einen zumindest soliden Kassenschlager hätte erwarten lassen. „Kitschig" und „ideologisch", so bezeichnete *Die Woche* 1997 den Film, Ulrich Behrens geißelte auf der Website von *Filmstarts* die „moralisch-oberflächliche Impertinenz" dieses finalen Pakula-Werks. Und tatsächlich: Die Geschichte des Polizisten Tom O'Meara (Harrison Ford), der den eigentlich der „Irish Republican Army", der IRA, zugehörigen Rory Devaney (Brad Pitt), der in Wahrheit aber Frankie McGuire heißt und in den USA bloß „Flugabwehrraketen" für die IRA einkaufen will, wie ein Familienmitglied bei sich zu Hause aufnimmt und dann eben irgendwann erkennen muss, dass er es mit einem militanten IRA-Kämpfer zu tun hat, hat so einige unfreiwillige „Peinlichkeiten" zu bieten und ist psychologisch wahrlich nicht immer ganz schlüssig. Aber wie schon der bedeutende US-Kritiker Roger Ebert seinerzeit in der *Chicago Sun-Times* bemerkte, hat der Film mit Ford und Pitt halt zwei Stars, die jedes filmische Werk *irgendwie* zum Funktionieren bringen. Insofern lobte er die beiden Schauspieler („[…] *enormously appealing and gifted actors* […]") und deren letztendlich positiven Einfluss auf das zwiespältige Endergebnis ([…] *„and to the degree that the movie works, it's because of them*").

Aber zurück zu *The Fugitive*, dem Remake der gleichnamigen US-Serie (lief von 1963-1967; dt. Titel: Auf der Flucht/Dr. Kimble auf der Flucht), das für sieben Oscars nominiert wurde, was für einen Action-Thriller jetzt nicht unbedingt Standard ist. Bekanntlich hat Tommy Lee Jones für seine Nebenrolle des „Deputy US Marshal Samuel Gerard", der den zu Unrecht des Mordes an seiner Frau verdächtigten und entflohenen „Dr. Richard Kimble" Harrison Ford mit seiner Truppe hinterherjagt, sogar den Nebenrollen-Oscar erhalten. Verstehen Sie mich nicht falsch, ich mag Tommy Lee Jones und finde, er hätte damals den *Hauptdarsteller*-Oscar für Paul Haggis' grandioses Drama *In the Valley of Elah* (2007; Im Tal von Elah) erhalten sollen, aber die Figur des „Sam Gerard" habe ich immer als *klischeehaft* empfunden und Jones' Leistung in dem Film, den ich heutzutage aber weit mehr schätze als 1993 oder noch vor zehn Jahren, als überbewertet. Überhaupt ist die ganze „Deputy US Marshal-Truppe“ um den „Leitwolf“ Gerard *unerträglich*, denn die meisten von Jones‘ Begleitern kommen irgendwie als, naja, „*nervige Blödquatscher*“ rüber bzw. sind Vertreter jener typisch *überdrehten* Nebenfiguren, von denen das US-Kino in den späten 80ern und 90ern nur so gewimmelt hat und die alle agieren, als hätten sie gerade etwas eingenommen :-). Abgesehen davon ist Andrew Davis‘ *The Fugitive* aber ein gelungener „Action-Thriller mit Anspruch“, der visuell durchaus eindrucksvoll ist und in dem vor allem *auch* Harrison Ford in Top-Form ist.

Nach dem einfach nur grandiosen *What Lies Beneath* aus dem Jahr 2000, zu dem ich mich aber schon, in Zusammenhang mit Regisseur Zemeckis, in einem anderen Artikel etwas eingehender geäußert habe, ließ Ford's Kassenträchtigkeit, vor allem natürlich altersbedingt, ein wenig nach. Deshalb war es natürlich eine Sensation, dass Spielberg und Lucas den zahlreichen Fans mit Ford in der Hauptrolle 2008 einen vierten *Indiana Jones*-Teil beschert haben. Ich selbst habe mich damals *monatelang* auf den vierten „Indy“, auf *Indiana Jones and the Kingdom of the Crystal Skull*, gefreut und der Kino-Trailer dazu hat mich dementsprechend regelrecht euphorisiert. Aber wie's halt so oft ist: *Übertriebene* Erwartungen werden selten erfüllt :-). Wobei: Der *Anfang* des Films, gemeint ist die Eingangsszene in der riesigen Militärlagerhalle sowie Ford's anschließende Flucht vor den Russen (rund um „Irina Spalko" Cate Blanchett) und „Indy's Flug mit dem Kühlschrank" raus aus dem Atomtestgelände, auf dem blöderweise gerade auch eine Atombombe getestet wird, ist *genial* und erreicht fast auch rein *atmosphärisch* die drei grandiosen Vorgänger-Filme. Leider erschöpft sich der Film, der wunderbarerweise auch ein Wiedersehen mit „Marion Ravenwood" Karen Allen bietet, dann im letzten Drittel in nervigen Dauerverfolgungsjagten, die sinnentleert wirken und nur „Spektakel machen" wollen und letztendlich dazu führen, dass man sich zu langweilen beginnt und nach den ersten drei *Indiana Jones*-Teilen zu sehnen. Fast scheint es so, dass Regisseur Spielberg irgendwann im Laufe des Films seine *Inspiration* verloren hätte oder zumindest seine *Motivation*, einen *wirklich* guten vierten Teil abzuliefern, der sich nicht bloß an „modernen Sehgewohnheiten" orientiert.

Ach ja, eines noch: Shia Labeouf als „Indy Jr.", der eigentlich „Henry *Mutt* Williams" heißt und eben der gemeinsame Sohn von Indiana Jones und Marion Ravenwood ist, stört weniger als erwartet :-).

Wie auch immer: Nachlassende Kassenträchtigkeit hin oder her. Ford war, laut *Guinness Book of Records*, also ganz offiziell, Anfang der 2000er-Jahre der *reichste Schauspieler der Welt!*

IV

Was bitteschön soll ich tun, wenn einer meiner bevorzugten Film-Regisseure, der, *by the way*, vorsichtig ausgedrückt, eine reichlich umstrittene Figur ist, nämlich Roman Polanski, mit einem meiner bevorzugten Film-Stars, nämlich Harrison Ford, der im Übrigen alles andere als eine umstrittene Figur ist, einen Film dreht, der unterm Strich auch noch ziemlich gelungen ist?

Über den besagten Film, über *Frantic* also aus 1988, schreiben, würde ich sagen! Da hat man ja fast keine andere Wahl :-)…

Roman Polanski's Lebensgeschichte, die ihn, überspitzt formuliert, vom Krakauer Ghetto bis nach Hollywood und gezwungenermaßen wieder zurück nach Europa geführt hat, ist wahrlich geprägt von einigen „*sehr hohen*

Höhen“ und einigen „*sehr tiefen Tiefen*“, wobei beide, die Höhen und die Tiefen, zweifellos sozusagen *durch die Presse und um die Welt* gegangen sind.

Bis 1979, bis einschließlich *Tess* also, der Geschichte eines südenglischen Bauernmädchens (gespielt von Nastassja Kinski), das an der Ausbeutung und Heuchelei der viktorianischen Gesellschaft zerbricht, ja förmlich von dieser *ausgelöscht* wird, ist Polanski's Filmografie fast als *makellos* zu bezeichnen. Der Umstand, dass zu Beginn von *Tess* die Widmung „*to Sharon*“ erscheint, ist der Tatsache geschuldet, dass Tate ihrem Ehemann Polanski kurz vor ihrer tragischen Ermordung durch Anhänger der „Manson Family“ am 9. August 1969, ein Ereignis, das zweifellos zu den *zentralen und natürlich grausigsten Momenten der 60er-Jahre* gehört, ihren Lieblingsroman, nämlich *Tess of the d'Urbervilles: A Pure Woman Faithfully Presented* (1891; dt. Titel: Tess von den d‘ Urbervilles: Eine reine Frau) von Thomas Hardy, geschenkt hatte, mit dem Hinweis, dass dieses Buch einen hervorragenden Film ergeben würde. Sharon Tate, die damals, 1969, kurz vor ihrem brutalen Tod, bekanntlich auch noch hochschwanger war, sollte, posthum, tatsächlich Recht behalten, denn Polanski variiert in dem „3-Stünder“ *Tess* gekonnt zwei seiner Lieblingsthemen, nämlich *die Schutzlosigkeit der Unschuld in einer verdorbenen Welt* und *die Untersuchung von gesellschaftlichen Abhängigkeiten und der gegenseitigen Abhängigkeit in Beziehungen.* Diese Motive verfolgen Polanski, geboren 1933 als *Raymond Thierry Liebling* in Paris, sicherlich schon seit den Kindheitstagen im Krakauer Ghetto (seine Eltern waren 1937 nach Polen zurückgekehrt), aus dem er 1943 fliehen konnte. Polanski konnte danach der Judenverfolgung aber nur, und das oft gegen Bezahlung, in diversen Verstecken entkommen, seine Mutter kam 1942 in Auschwitz ums Leben, sein Vater überlebte die Haft in Mauthausen. Betrachtet man diese biografischen Eckpfeiler, dann werden einem die Quellen von Polanski's künstlerischen Hauptmotiven, die natürlich dann in seinem dreifach Oscar-prämierten Weltkrieg II-Drama *The Pianist* (2002; Der Pianist; Oscars für *beste Regie*, für *bestes adaptiertes Drehbuch* und für den *besten Hauptdarsteller* – Adrien Brody), das zum Teil im *Warschauer* Ghetto spielt, noch einmal *gänzlich unverhüllt* zum Ausdruck gebracht werden, nur allzu klar.

Genau genommen war aber bereits Polanski's 1962 noch in Polen entstandenes Kinodebüt, der Psycho-Thriller

Das Messer im Wasser (Noz w wodzie), in dem der Segelausflug eines Paares durch das Auftauchen eines jungen Herumtreibers zu einer echten Zerreißprobe für die Beziehung wird, ein veritables Meisterwerk, das dem Regisseur sogar auf Anhieb eine verdiente Oscar-Nominierung (für „*Bester fremdsprachiger Film*") einbrachte.

Da *Das Messer im Wasser* von höchsten Kreisen der damals natürlich in Polen alleinig den Ton angebenden kommunistischen Partei (der so genannten PVAP) kritisiert und als Film bezeichnet wurde, der, einerseits, „gesellschaftlichen Zündstoff" biete und, andererseits, so gar nicht „relevant" oder „typisch" für „Polen als Ganzes" sei, ging Polanski nach Großbritannien und realisierte dort 1965 einen weiteren Psycho-Thriller, der zu den All-Time-Classics dieses Genres gehört, nämlich *Repulsion* (Ekel), mit der jungen Catherine Deneuve in der Hauptrolle. Das eindrucksvolle sowie *wirklich* düster pessimistische Werk bildet den Auftakt zu Polanski's *Mieter-Trilogie*, zu der auch das Horror-Meisterwerk *Rosemary's Baby* (1968; Rosemaries Baby; literarische Vorlage: Ira Levin) sowie der 1976 in Frankreich entstandene „psychological horror film" *Der Mieter* (Le locataire; literarische Vorlage: Roland Topor) gehören und in der Polanski *Wohnungen* zum Schauplatz eindringlicher Horrorgeschichten gemacht hat.

Die steigende Isolation und die immer stärker werdenden Wahnvorstellungen der Hauptfigur „Carole Ledoux" (gespielt von Deneuve), eine Stimmung der ständigen Angst und Bedrückung, das alles sind zentrale Elemente von *Repulsion*, eines Films, der in seinen besten Momenten vielleicht jene unangenehm-irritierende Wirkung auf den Zuschauer erreicht, jene schockierende Intensität, die einst auch Luis Buñuel's bahnbrechenden „16-Minüter" *Ein andalusischer Hund* (1929; Un chien andalou; Co-Autor: Salvador Dali) ausgezeichnet hat, *das* Meisterwerk des surrealistischen Films schlechthin (und vor allem durch die legendäre Szene, in der ein Mann einer vor ihm sitzenden Frau mit einem Rasiermesser durch den Augapfel schneidet, ohnehin ein *Pflichtwerk der (Kunst-)Filmgeschichte!*).

Ledoux's Wahnvorstellungen, so wie zum Beispiel von unheimlichen Männergestalten, die durch die dunklen Räume ihrer Wohnung geistern, von Händen, die aus Wänden heraus nach ihr greifen, von monströsen Rissen im Mauerwerk, haben eine *gruselige Intensität*, nach der man in anderen Filmen dieser Art *lange* suchen muss und die die Bezeichnung „*Psycho*-Thriller" im Zusammenhang mit *Repulsion* zu mehr als nur einer leichtfertig verwendeten „Genre-Spezifizierung" macht.

Die Londoner Wohnung der „20-jährigen Belgierin“ Carole Ledoux, einer introvertierten jungen Frau, die in einem Schönheitssalon arbeitet und eben gemeinsam mit ihrer älteren Schwester Helene (gespielt von Yvonne Furneaux) in dieser Wohnung lebt, wird also endgültig zum Zentrum von Ledoux's Psychose und Phobien, als die Schwester, ihre einzige Bezugsperson, mit ihrem Geliebten Michael (gespielt von Ian Hendry) für zwei Wochen nach Italien fährt. Finaler Ausdruck ihres Wahns sind dann letztendlich die zwei Morde, die Ledoux begeht, nämlich an ihrem Verehrer Colin (gespielt von John Fraser), dessen Annäherungsversuche sie sozusagen stets angewidert haben, und an ihrem Vermieter (gespielt von Patrick Wymark), der versucht, sie zu vergewaltigen. Wobei der Mord an Colin auch gleichzeitig der *Magic Moment* dieses, zugegebenermaßen :-), nicht so ganz einfach zu konsumierenden Films ist. Dieser geschieht in Carol's Wohnung mit einem Kerzenständer, mit dem die junge Frau, *plötzlich* und völlig *unvermittelt*, auf ihn einschlägt, nämlich aber erst dann, als sie die Eingangstür ihrer Wohnung, die in der Szene einige Zeit lang offen bleibt, sozusagen *endlich* wieder hinter ihm schließen kann, erst dann, als sie Colin's energisch (und eben bei geöffneter Eingangstür) vorgettragenen Beteuerungen, dass er sich um sie Sorgen machen würde etc., sozusagen *endlich* überstanden hat.

Zweifellos gehört *Repulsion* zu Polanski's allerbesten Werken und Catherine Deneuve's schauspielerische Leistung darin zu den besten ihrer Karriere, was bei *so* einer Filmografie, wie sie die Deneuve hat, die schließlich mit allen Großen speziell des französischen Films, wie François Truffaut, wie Luis Buñuel, wie Louis Malle oder Claude Chabrol, um wirklich nur einige wenige zu nennen, zusammengearbeitet hat, etwas heißen mag!

Der „psychological comic thriller" *Wenn Katelbach kommt...* aus 1966, der im Original *Cul-de-sac* („Sackgasse") betitelt ist, ist vielleicht der Polanski-Film, der es am wenigsten geschafft hat, in das Bewusstsein einer breiteren Masse vorzudringen, wenngleich das Werk, das wiederum in Großbritannien entstanden ist und das in der Tat so gut wie *nie* im deutschsprachigen TV gezeigt wird, von Kritikern und Filmhistorikern stets gelobt wird. Ich selbst mag *Wenn Katelbach kommt...*, den ich vor circa sieben/acht Jahren, auf einem recht umständlichen Weg :-), von einem holländischen DVD-Händler erworben habe, nicht besonders, ich habe ihn immer als „einen etwas anstrengenden Film“ empfunden, obwohl er eigentlich viel „leichter“ daherkommt als der geniale und verstörende *Repulsion.* Die Besetzung von *Wenn Katelbach kommt…* wirkt auf den ersten Blick spektakulär, aber so wirklich begeistern kann, mich persönlich jedenfalls, in dem Ensemble *nur* die jung verstorbene Schwester von Catherine Deneuve, Françoise Dorleac (1942-1967), die die Rolle der Ex-Prostituierten Teresa, die mit dem Ex-Unternehmer George (gespielt von Donald Pleasence) auf einer Burg an der englischen Küste lebt, ganz hervorragend spielt. Pleasence hingegen geht einem in seiner Rolle des am Ende, nach seinen tödlichen Schüssen auf den Gangster Richard, in den Wahnsinn abgleitenden George aber gleich auf die Nerven wie Lionel Stander (wurde weltweit bekannt durch seine Rolle als Butler, Koch und Chauffeur „Max“ in der Krimiserie *Hart to Hart*/dt.: Hart aber herzlich mit Robert Wagner und Stefanie Powers, die von 1979-1984 produziert wurde) in der Rolle des besagten Gangsters, der das Paar Teresa und George, gemeinsam mit seinem Partner Albert, gespielt von Jack MacGowran, dem späteren „Professor Abronsius“ aus Polanski's berühmter Horror-Komödie *The Fearless Vampire Killers* (1967; Tanz der Vampire), in ihrer Burg heimsucht, und das deshalb, weil er und sein Partner verletzt sind und ein krummes Ding schiefgelaufen ist, das sie für ihren Chef „Katelbach“ hätten drehen sollen. Natürlich punktet der Film *Wenn Katelbach kommt...* ein wenig mit den „*Samuel Beckett*-Qualitäten“ der ganzen absurden Geschichte, wie der Tatsache, dass Stander und MacGowran, Zweiterer erliegt allerdings bald seinen schwerwiegenden Verletzungen, in der Burg auf ihren Chef Katelbach warten, der allerdings *nie* auftaucht, so wie eben Godot in Beckett's Theaterstück *Warten auf Godot* (1952; En attendant Godot). Aber irgendwie wird das, trotz mehrmaliger Betrachtung des Werks, trotzdem nichts zwischen mir und „*Polanski's Wild Swing*“, wie den Film seinerzeit die *New York Times* begeistert nannte :-).

Wann immer ich *The Fearless Vampire Killers*, der zusammen mit *Rosemary's Baby* und dem phantastischen Thriller *Chinatown* (1974) zu den drei populärsten und besten Polanski-Filmen gehört, in den 80ern im österreichischen Fernsehen gesehen habe, dann musste ich schon damals beim Anblick Sharon Tate's, die in dem Film Sarah, die bildhübsche Tochter des Dorfwirten spielt, die schließlich von dem Ober-Vampir „Graf von Krolock“ (gespielt von Ferdy Mayne) in sein Schloss entführt wird, daran denken, dass es sich bei Tate, im wahren Leben, um eine wahrlich *tragische Figur* gehandelt hat, dass sie eigentlich Teil einer *sehr traurigen* Geschichte ist, die gleichzeitig *einen der spektakulärsten und Aufsehen erregendsten Kriminalfälle der US-Geschichte* darstellt, einen Kriminalfall, der vor allem natürlich auch einen Mann *leider* zu einer weltweit bekannten Figur gemacht hat, den Sektenführer Charles Manson, der seine „Manson Family" in den August-Tagen des Jahres 1969 losgeschickt hatte, um zu morden. Neben Tate und ihrem ungeborenen Kind kamen in der von den Manson-Anhängern überfallenen Polanski-Tate-Villa am Cielo Drive in Los Angeles noch vier weitere Personen in der Nacht vom 8. auf den 9. August 1969 ums Leben (Polanski selbst war damals bei Dreharbeiten in Europa).

Nun, seit den 80ern hat sich nichts geändert, denn noch immer schwebt für mich über dem Film, der eigentlich *eine der besten Gruselfilmparodien oder Horrorfilmpersiflagen der Filmgeschichte* ist, die ganze *Polanski-Tate-Manson*-Geschichte wie eine dunkle Wolke, die ich irgendwie nicht ausblenden kann, vor allem wohl auch deshalb, weil Tate und Polanski hier auch *vor* der Kamera gemeinsam agieren, denn Polanski selbst spielt ja schließlich „Alfred", den treuen Gehilfen des schrulligen Vampirjägers „Professor

Abronsius“ Jack MacGowran, der in den Südkarpaten ein „erhöhtes Vampiraufkommen“ vermutet. Der Film ist makaber und lustig zugleich und bietet einen Haufen unvergesslicher Szenen, so wie den berühmten tatsächlichen „Tanz der Vampire“ im Ballsaal des Krolock-Schlosses, bei dem schließlich *nur* der Professor, Alfred sowie die vermeintlich von den beiden gerettete Sarah in einem Spiegel zu sehen sind, denn: Vampire werfen bekanntlich kein Spiegelbild :-).

Allerdings verwehrt uns Polanski auch in diesem Film, in diesem „satirical horror drama“, wie in so vielen seiner Werke, ein Happy End, denn als Professor Abronsius am Ende den Schlitten steuert, mit dem die Flucht vom Schloss gelungen ist, gräbt darin die plötzlich endgültig verwandelte Sarah ihre Vampirzähne in den in sie verliebten Alfred, was letztendlich eben bedeutet, dass das Böse nicht besiegt wurde, sondern, im Gegenteil, in die Welt getragen wird.

Im Sommer 1992, also mit 15 Jahren, hatte ich mir in den Kopf gesetzt, vielleicht doch auch mal, sozusagen zur Abwechslung, ein *Buch* zu lesen und nicht nur ständig meine Film- und Musik-Sammlungen neu zu sortieren :-).

Das Buch, das ich mir, basierend auf diesem kühnen Einfall :-), dann gekauft habe, war, inspiriert von einer großartigen Fotografie, die ich irgendwo aufgeschnappt hatte und die Roman Polanski und Mia Farrow bei den Dreharbeiten zu *Rosemary's Baby* zeigte, Ira Levin's Romanvorlage zu diesem berühmten Horrorfilm, der zweifellos zu *den besten Horrorfilmen überhaupt* zählt. Man könnte also sagen, dass ich Ira Levin's Grusel-Bestseller *Rosemary's Baby* zumindest verdanke, dass ich damals nicht ausschließlich als „*Film-Nerd*" weitergelebt habe :-).

Es steht außer Frage, dass Polanski die Arbeitsbedingungen in den USA ungeheuer entsprochen haben, denn seine beiden US-Filme, eben *Rosemary's Baby* und *Chinatown*, sind schlichtweg *phantastisch*, ja *einmalig*. Über *Chinatown*, einem meiner persönlichen *All-Time-Favorites*, mit Jack Nicholson und Faye Dunaway, habe ich mich allerdings schon mal in einem anderen Artikel geäußert, deshalb lasse ich ihn an dieser Stelle natürlich weg.

„*Farrow's perfomance is outstandig*", schrieb das *Variety*-Magazin einst über Mia Farrow's Leistung als „Rosemary Woodhouse", jene junge Frau, die mit ihrem Ehemann Guy (gespielt von John Cassavetes) in eine Mietwohnung im siebten Stock innerhalb des so genannten *Bram-*

ford Houses im Zentrum von New York zieht und schließlich *vom Teufel persönlich* geschwängert wird (es ist Polanski's Regie-Kunst zu verdanken, dass die *potentiell* albernen Aspekte der Geschichte, wie eben die Tatsache, dass Farrow das Kind des Teufels erwartet, in keiner Sekunde des Films tatsächlich albern oder gar banal rüberkommen!; selbst in der Musikdramaturgie verwehrt sich *Rosemary's Baby* jeglicher „Horrorfilm-Filmmusik-Klischees“!). Das eigentliche „schauspielerische Epizentrum“ des Werks, dessen Farbdramaturgie (Kamera: William Fraker) im Übrigen eine wirkliche Augenweide ist, ist aber nicht Farrow (mit ihrem berühmten Kurzhaarschnitt!), sondern zweifellos Ruth Gordon, die als wahrlich dubiose Nachbarin der Woodhouses glänzt, als „Minnie Castevet“. In ihrer Oscar-gekrönten Nebenrolle als vermeintlich hilfsbereite, auf jeden Fall aber aufdringliche und manipulative alte Dame, die in Wahrheit aber eine der Hauptprotagonisten der ganzen „Teufelsverschwörung“ ist, der Farrow da zum Opfer fällt, ist sie so etwas wie das *eigentliche* Gruselelement in diesem Film, der *eigentliche* personifizierte Horror!

Interessant für einen Filmliebhaber im Zusammenhang mit *Rosemary's Baby* ist natürlich auch der Aspekt, dass der bedeutende amerikanische Filmregisseur John Cassavetes (1929-1989) hier die Rolle des Ehemannes von Farrow spielt, den zunächst erfolglosen Schauspieler Guy Woodhouse, der aber mit dem Ehepaar Castevet *und* natürlich mit dem Teufel, des Erfolges als Schauspieler willen, einen faulen Deal macht und seine Frau dem Teufel zwecks der „Zeugung von Nachwuchs" überlässt. Der Polanski-Film hat mich in den 90ern auch dazu gebracht, mich ein wenig mit Cassavetes' Werken auseinanderzusetzen. Und obwohl Cassavetes wahrlich einer der *Wegbereiter des amerikanischen Independent-Films* ist, der für Klassiker wie *Shadows* (1959; Schatten), *Faces* (1968; Gesichter), *Husbands* (1970; Ehemänner), *A Women Under the Influence* (1974; Eine Frau unter Einfluss) oder *The Killing of a Chinese Bookie* (1976; Die Ermordung eines chinesischen Buchmachers) verantwortlich ist, würde ich seine Filme als „interessant und sehr anspruchsvoll, *aber* trotzdem irgendwie leicht seltsam" :-) einordnen, ganz gemäß seines eigenen Credos „*Ich mache gern schwierige Filme, bei denen die Leute schreiend rauslaufen. Ich bin schließlich nicht in der Unterhaltungsbranche*".

Es ist wahrlich ein bisschen *ironisch*, dass *ausgerechnet* Polanski, der 1977 in den USA bekanntlich wegen

„*Vergewaltigung unter der Verwendung betäubender Mittel*“ der damals 13-jährigen Samantha Geimer angeklagt wurde und schließlich, um einer Inhaftierung zu entgehen, nach Europa geflüchtet ist (was natürlich die Konsequenz hatte, dass Polanski keinen Fuß mehr auf amerikanischen Boden setzen kann, ohne verhaftet zu werden), einen *der besten Filme zum Thema „die Frau als sexuelles Freiwild*“ gedreht hat.

Nach seiner grandiosen Shakespeare-Verfilmung *Macbeth* (1971), die zweifellos *eine der besten Shakespeare-Verfilmungen* ist (und die beste *Macbeth*-Verfilmung sowieso!), denn Polanski's Version ist radikal, brutal, abgründig, dunkel und einfach nur großartig (man könnte auch sagen: Polanski hat Shakespeare's Vorlage *ernst* genommen und kein reines „*Bildungs-Kino fürs Bürgertum*“ daraus gemacht :-)), und vor *Chinatown*, entstand 1972 in Italien nämlich die erotische Farce *Was?* (Che?) mit Sydne Rome und Marcello Mastroianni, ein Film, bei dem ich mir nach dem Ansehen nie ganz sicher bin, ob ich ihn einfach nur *gut* finden soll oder nicht *doch* in den Kreis meiner absoluten Lieblingsfilme aufnehmen (bis jetzt konnte ich mich nicht wirklich entscheiden :-)). *Was?*, im Kern eine Parodie auf die Sexfilme der 70er-Jahre, gleichzeitig aber eine bittere Gesellschaftssatire, ist ein amüsantes, aber dennoch tiefgründiges, ja provokativ-bösartiges Meisterwerk, in dem die Amerikanerin Nancy, gespielt von Sydne Rome, sich nach dem Vergewaltigungsversuch durch drei Italiener in eine exklusive Villa am Meer flüchtet, deren Bewohner aber irgendwie auch nur äußerst „sexversessen" wirken. In der Folge wird Rome dann eben auch in der Villa lediglich zum Sex-Objekt diverser Freaks, allen voran Mastroianni, der einen Ex-Zuhälter namens Alex spielt. Polanski's Hauptthema der *Schutzlosigkeit der Unschuld in einer verdorbenen Welt* bringt der Film, dessen Grundaussage ich persönlich immer als so gar nicht komisch, eher als traurig, empfunden habe, denn „Nancy" Sydne Rome wird in *Was?*, obwohl sie eigentlich Hilfe und Schutz brauchen würde, praktisch nur das Opfer einer ganzen Reihe sexueller Belästigungen, trotz der Maske einer „Komödie", auf eindringliche Weise zum Ausdruck.

V

DR. RICHARD WALKER (Harrison Ford)

Du hast ihnen heute Morgen den falschen Koffer gegeben. Dede ist schon länger tot als einen Tag.

MICHELLE (Emmanuelle Seigner)

Wer sagt das?

DR. RICHARD WALKER

Ich.

MICHELLE

Wie kannst du das? Bist du ein Arzt?

DR. RICHARD WALKER

Keine Leiche stinkt so fürchterlich nach nur 12 Stunden. Nicht einmal Dede. Da geb ich dir mein Wort drauf. Ja, ich bin Arzt.

(aus: Roman Polanski's *Frantic*; 1988)

In *Frantic* hat Roman Polanski die Chance genützt, nach all den Donald Pleasences, Mia Farrows, Faye Dunaways, Isabelle Adjanis (in *Der Mieter*), Nastassja Kinskis und Walther Matthaus, zur Abwechslung einmal einen Film mit einem *wirklich* sympathischen Schauspieler in der Hauptrolle zu drehen :-), mit einem *wirklichen* Sympathieträger, wie es Harrison Ford nun zweifellos einmal ist. Der Thriller *Frantic* kommt allerdings aus einer Phase in Polanski's Schaffen, die nicht gerade zu seinen besten gezählt wird. So geriet der Film, der zwei Jahre vor *Frantic* entstanden ist, nämlich die „adventure comedy" *Pirates* (1986; Piraten), mit Walter Matthau, zu einem Riesen-Flop.

Bitter Moon hingegen, ein „erotic romantic thriller" aus dem Jahr 1992, also das Werk, das nach *Frantic* entstanden ist, könnte man auch als „amüsante Erotik-Gurke" bezeichnen, die trotzdem immer wieder herrlich anzusehen ist, vor allem deshalb, weil sie, trotz *erstaunlich* schlechter schauspielerischer Leistungen, so zum Beispiel von Polanski's Ehefrau Emmanuelle Seigner (seit 1989 mit dem Regisseur verheiratet), von dem damals noch relativ unbekannten Hugh Grant oder von Peter Coyote (der unglaublich schwülstige *Voice-over*-Texte in dem Film sprechen muss

:-)), auch einige Wahrheiten über Sadismus und Masochismus in zwischenmenschlichen Beziehungen zu bieten hat.

Nun, in *Frantic*, der, wenn man's genau nimmt, vielleicht sogar, was die Bildebene betrifft, hin und wieder eine leichte „80er-Jahre-TV-Ästhetik“ (die aber nicht weiter stört!) aufweist, spielt Harrison Ford den Arzt Dr. Richard Walker, der gemeinsam mit seiner Frau Sondra (gespielt von Betty Buckley) nach Paris reist, um an einem medizinischen Kongress teilzunehmen. Im Hotel kommen die Walkers drauf, dass sie in Besitz eines falschen Koffers sind. Kurz darauf verschwindet Walker's Frau zunächst spurlos, eine Reihe von Indizien weisen dann auch darauf hin, dass sie *tatsächlich* entführt worden ist.

Großartig ist vor allem, mit welcher Liebe zum Detail hier Polanski die Blicke (die zumeist ungläubige Blicke sind), die Gesten und Reaktionen des Hotelpersonals und der Pariser Polizei angesichts von Walker's verzweifelter Situation inszeniert hat. Wobei Ford, wie ich in Abschnitt 2 meines Artikels bereits angemerkt habe, auch durchaus einen glaubwürdigen Arzt abgibt. Und wenn er in dem Film zwischendurch *gestresst* seine Lesebrille benutzt, dann entfernt er sich *ganz weit* von seinem *Han Solo*- oder *Indiana Jones*-Image – wirklich sehenswert! Überhaupt wirkt Ford in Paris als „ein amerikanischer Fremdkörper, der mit der Sprache kämpft“, sozusagen als „ein verlorener Amerikaner in Paris“, sehr überzeugend und die ganzen Abläufe in *Frantic* erinnern einen daran, wie fremd man sich tatsächlich in Paris (und generell in Frankreich) als Tourist manchmal fühlt :-).

Es war schon eine verdammt große Aufgabe, aus Emmanuelle Seigner eine richtige Schauspielerin zu machen! :-)

Das ist zumindest der Gedanke, der *mir* immer durch den Kopf geht, wenn ich mir Polanski-Filme mit Seigner (geboren 1966) ansehe, so wie eben *Frantic*, *Bitter Moon* oder den eher durchwachsenen Mystery-Thriller *The Ninth Gate* (1999; Die neun Pforten) mit Johnny Depp. Und doch: Letztendlich zeugen Seigner’s Auftritte in den beiden letzten Filmen ihres Ehemannes, nämlich *Venus im Pelz* (2013; La Venus a la fourrure), einem Kammerspiel nach Leopold von Sacher-Masoch, und dem Drama *Nach einer wahren Geschichte* (2017; D’apres une histoire vraie), davon, dass die Aufgabe letztendlich irgendwann gelungen ist :-).

In *Frantic*, der ja die erste Zusammenarbeit zwischen Polanski und Seigner markierte, spielt Seigner die

Schmugglerin Michelle, die, angeheuert für einen Schmuggelauftrag von einem gewissen Dede (den Ford, wie aus dem obigen Zitat hervorgeht, im Laufe des Films und im Laufe der Suche nach seiner Frau aber nur mehr tot auffindet), zufällig ihren Koffer mit dem gleichaussehenden der Walkers auf dem Flughafen vertauscht hat. Es stellt sich heraus, dass sich in Michelle's Koffer, und das witzigerweise versteckt in einem Miniatur-Modell der New Yorker Freiheitsstatue, letztendlich der Grund für die Entführung von Dr. Walker's Frau befindet, ein so genanntes „Krytron", ein elektronisches Schaltkreiselement zur Zündung von nuklearen Sprengköpfen (die 80er-Jahre lassen in *Frantic* also nicht nur ästhetisch, sondern auch *inhaltlich* grüßen :-)). Ford und Seigner bilden in der Folge notgedrungen eine Interessensgemeinschaft, denn Ford will seine von arabischen Agenten entführte Frau zurück, die dann auch im Laufe der Handlung mit Walker Kontakt aufnehmen, und Michelle möchte letztendlich doch noch zu ihrem Geld kommen, das ihr Dede einst für den Auftrag versprochen hat.

Natürlich gibt es auch in *Frantic* kein wirkliches Happy End, denn das wäre, wie schon angedeutet, wahrlich Polanski-*untypisch*. Ford, oder eben „Dr. Walker", gelingt es am Ende zwar, seine Frau von den Entführern zurückzubekommen, muss aber zusehen, wie seine junge Begleiterin Michelle, die bei der Übergabe plötzlich wieder ihre noch immer ausstehende Bezahlung ins Spiel bringt, von einer Kugel getroffen zusammenbricht. Vor ihrem Tod steckt sie ihm noch das Bauteil zu, das Walker dann vor den Augen aller Anwesenden in die Seine wirft.

Polanski's Thriller, den das Magazin *Der Spiegel* im Erscheinungsjahr „*die Fortsetzung Hitchcocks mit Polanskis Mitteln*" nannte, hat meines Erachtens zwei große *Magic Moments*, die diesen Polanski-Film zu dem besten seiner *angeblich* schlechteren machen :-).

Magic Moment Nummer 1 könnte man mit „*Harrison Ford über den Dächern von Paris*" bezeichnen, gemeint ist jene Szene, in der Ford mühevoll mit dem Koffer, in dem sich die kleine Freiheitsstatue (und somit das „Krytron") befindet, über ein *sehr hoch* liegendes Dach klettert, um in Michelle's Dachgeschoss-Wohnung zu gelangen (in der Michelle gerade von zwei Agenten, die das Schaltkreiselement ebenfalls haben wollen, traktiert wird). Diese wunderbar stille, wenig hysterisch inszenierte Szene, in der der Koffer sozusagen andauernd „Schwierigkeiten" macht, zunächst aufspringt, dann sogar vom Dach hinunterfällt, ist eine würdige *Hommage* von einem Regie-Meister an den anderen, von Roman Polanski an Alfred Hitchcock.

Magic Moment Nummer 2 ist ohne Zweifel die Tanz-Szene zwischen Ford und Seigner in einem Nachtclub. Der gemeinsame Tanz, der vor den Augen der Entführer stattfindet, hat etwas von *wahrer Verzweiflung* an sich, Ford und Seigner wirken dabei gleichzeitig dissonant *und* in ihrem momentanen Elend vereint – *das* muss man erst mal so vor der Kamera rüberbringen können! Noch dazu tanzen die beiden dabei zu den Klängen von Grace Jones' Song *I've Seen That Face Before (Libertango)* aus 1981, der reichlich melancholische Stimmung verbreitet und im gesamten Film immer wieder auftaucht, gleichsam als „schwermütiger Soundtrack“ zu dem wenig glamourösen Antlitz, das Polanski's Paris in *Frantic* hat.

(August/September 2018)

Insomnia/*The Dark Knight*-Trilogie oder: Warum Christopher Nolan mittlerweile ein berühmter Filmregisseur ist…

I

Früher dachte ich, *wirklich* berühmt sind die Leute erst, wenn sie *sogar* meine Mutter kennt bzw. wenn *sogar* meine Mutter einem berühmten Namen auch *sofort* ein Gesicht zuordnen kann :-). Das war sozusagen der ultimative Test, ob es jemand in der Welt da draußen *wirklich* geschafft hatte :-).

Aber bei *Filmregisseuren* ist das mit der *Berühmtheit* von jeher ohnehin so eine Sache. Ich persönlich denke oder habe das Gefühl, dass der „US-Brite“ (Mutter Amerikanerin/Vater Brite) Christopher Nolan, nach Erfolgsfilmen wie *The Dark Knight* (2008), *Inception* (2010), *The Dark Knight Rises* (2012) oder *Interstellar* (2014), mittlerweile ein *weltberühmter* Regisseur ist, aber wenn ich ihn in einer Konversation erwähne, sehe ich im Zusammenhang mit diesem Namen meist mehr Fragezeichen als sonst etwas.

Hey, seht mal! Da drüben geht Christopher Nolan! Wow!

Das spielt sich wohl weder im Zusammenhang mit Nolan, noch mit irgendeinem anderen erfolgreichen „*Regisseur mit eindeutig zuordbarem Gesicht*“ (davon gab es immer und gibt es weiterhin ohnehin reichlich wenige :-)), sei es mit Quentin Tarantino, mit Tim Burton, mit Martin Scorsese oder mit Steven Spielberg, obwohl Letzterer, was die Popularität und den *Erkanntheits*-Grad betrifft, in den 1980ern und 1990ern sicherlich der eines Star-Schauspielers am allernächsten gekommen ist. Und ob den kleinen, dicken, glatzköpfigen Engländer, der sicherlich eines der größten Regie-Genies der Filmgeschichte war und der es geliebt hat, in seinen Filmen stets einen kleinen „Gastauftritt“ hinzulegen, gemeint ist natürlich Alfred Hitchcock, in den 50ern, 60ern oder 70ern des letzten Jahrhunderts irgendwo auf der Straße jemand *wirklich* erkannt hat - na diese Frage bleibt auch offen...

Als Robert Redford in den 70ern, gleichsam auf dem Höhepunkt seines Erfolges, einfach einmal an der Wall Street vorbeigeschaut hat, nur aus dem Grund, sich die ganze Sache dort mal anzusehen, sozusagen als „normaler“ und nicht vorangekündigter Besucher, hat er einen Massenauflauf verursacht und das Arbeitsleben förmlich zum Erliegen gebracht. Redford selbst hat in Interviews immer wieder betont, dass ihn dieser Vorfall damals irgendwie *traurig* gemacht hat und er erkennen hat müssen, dass er tatsächlich „nicht einfach mehr irgendwo hingehen könne".

Nun, wie gesagt, *das* kann einem Filmregisseur nicht passieren :-) (also bleibt dieser Profession wohl nur das Gefühl, einen privilegierten Job auszuüben sowie das ganze Geld zu genießen, das sich im Erfolgsfall eventuell über einem ausschüttet :-)).

II

Was Nolan's Filme betrifft, so muss man sagen: Die meisten davon sind großartig! Es sind *wirklich* tolle und beeindruckende Filme, aber zumindest die Science Fiction-Kracher *Inception* und *Interstellar* sind „kleine Alpträume", wenn es darum geht, sie irgendwie näher zu beschreiben oder über sie zu schreiben :-). Beide Filme sind visuell überwältigend und gleichzeitig ungeheuer intelligent, wobei *ich persönlich*, nennen Sie mich von mir aus einen „Kulturbanausen" :-), nach der Betrachtung von

Inception oder *Interstellar* stets das Bedürfnis habe, mir, gleichsam als kleines „Gegengift", irgendeinen *Steven Seagal*-Schwachsinn, wie *Above the Law* (1988; Nico; Regie: Andrew Davis), *Hard to Kill* (1990; Regie: Bruce Malmuth) oder am besten gleich *Marked for Death* (1990; Zum Töten freigegeben; Regie: Dwight H. Little), reinzuziehen - ein seltsamer Impuls, ich weiß, aber er ist halt definitiv vorhanden :-).

Bevor ich aber zu *Insomnia* (Insomnia – Schlaflos) aus 2002 komme, zu meinem „*Lieblings-Christopher Nolan-Film*", den man aber, im Gegensatz etwa zu anderen, hoch budgetierten, Nolan-Werken, wie beispielsweise der *Dark Knight*-Trilogie (2005; 2008; 2012) oder dem 2017er Weltkrieg II-Film *Dunkirk* (in dem Nolan's Regie-Leistung ja fast an die „eiskalte Regie-Präzision" eines Stanley Kubrick erinnert; wobei *Dunkirk*, wie das zum Beispiel auch bei den allermeisten Kubrick-Filmen [außer, Jack Nicholson sei Dank :-), bei *The Shining*/dt. Titel: Shining von 1980] der Fall ist, keinerlei *wirkliche* Identifikationsfigur hat, was den eindrucksvollen Kriegs-Film letztendlich etwas „zäh" zu konsumieren macht), eher einen *US-Independent-Film mit wahrlich großartiger Besetzung* (Al Pacino, Robin Williams, Hilary Swank, Martin Donovan, Maura

Tierney) nennen könnte, möchte ich aber natürlich auch auf andere Filme dieses außergewöhnlichen Regisseurs, und hier speziell auf die drei, die die spektakuläre *Dark Knight*-Trilogie bilden, eingehen.

III

I fall in bed/ with a bottle of meds/ and a Heath Ledger bobble head

(aus: EMINEM's Song *My Mom* vom 2009er *Relapse*-Album)

Das ganze Genre der *Batman*-Filme gehört zweifellos den Schurkenfiguren, wie etwa dem „Joker", wie „Bane" oder „Catwoman" oder dem „Riddler". Dieser Trend, nämlich, dass die „*Batmänner*" in den Filmen nur die zweite oder gar dritte Geige spielen und stets im Schatten der Bösewichte stehen, hat sich bereits 1966, in Leslie H. Martinson's *Batman* (Batman hält die Welt in Atem) abgezeichnet, in dem es „Batman"/„Bruce Wayne" Adam West und „Robin"/ „Dick Grayson" Burt Ward mit einer ganzen

Reihe von exzellent dargestellten Schurken zu tun bekommen, nämlich mit dem unvermeidlichen *Joker* (gespielt von Cesar Romero), mit dem *Pinguin* (gespielt von Burgess Meredith – vor allem bekannt durch seine Rolle des „Mickey Goldmill", des Trainers von Sylvester Stallone in den *Rocky*-Filmen!), mit *Catwoman* (gespielt von Lee Meriwether) und dem *Riddler* (gespielt von Frank Gorshin). Der Film, der ursprünglich als Pilotfilm zu der gleichnamigen Fernsehserie (lief von 1966-1968) geplant war, aber dann als Kinofilm zwischen Staffel 1 und Staffel 2 der erfolgreichen Serie veröffentlicht wurde, ist herrlich infantil, aber *bewusst infantil* und auch *bewusst naiv*, was auch letztendlich seinen Charme ausmacht. Und die ganzen eingeblendeten comichaften *„Pows"*, *„Bangs"* und *„Splashs"* während der Schlägereien sind sowieso absoluter Kult! Wer allerdings so eine ernsthaft-düstere Atmosphäre erwartet, wie sie in Nolan's *Dark Knight*-Trilogie vorherrscht, der wird diese „bunte 60's Trash-Komödie", wie es Leslie H. Martinson's Film nun einmal ist, wahrlich hassen und sie nach nur wenigen Minuten garanticrt abschalten :-).

Tim Burton's *Batman* aus 1989, mit Jack Nicholson als Joker, Michael Keaton als Batman/Bruce Wayne und Kim

Basinger als Reporterin Vicki Vale, der nicht nur ein internationaler Großerfolg war, sondern eben auch Burton's Durchbruch als Regisseur darstellte, ist bis heute *mein persönlicher Favorit* unter allen bisherigen *Batman*-Filmen – und nicht mal Nolan's grandioser *The Dark Knight* hat es, trotz Heath Ledger's einmaliger und eben, durch Ledger's frühen und *Medikamenten-Überdosis*-bedingten Tod (worauf natürlich auch das obige EMINEM-Zitat anspielt!), erst *posthum* Oscar-prämierter Joker-Performance, sozusagen geschafft, diesen Film, der irgendwie auch *unauslöschlich* zu meiner frühesten Jugend gehört, von der Spitzenposition meiner „persönlichen *Batman*-Film-Wertungsskala" zu verdrängen :-).

Warum?

Ganz einfach: Wegen Jack Nicholson, Kim Basinger und *auch* wegen Michael Keaton! Nicholson und Basinger sind mir sowieso, allein schon „Filmfan-generationsbedingt", grundsätzlich vertrauter als Heath Ledger oder Christian Bale. Und Michael Keaton, der vielleicht ein ein wenig „*unter*-trainierter" Fledermauskostüm-Träger ist (vor allem im Vergleich zu dem durchtrainierten Christian Bale), habe ich immer als „sympathischen Batman" empfunden, ganz im Gegensatz zu Bale, der ein sehr guter

Schauspieler ist, aber, naja, aus meiner Sicht nicht unbedingt immer der Sympathischste (eine Tatsache, die ihn natürlich für die Rolle des Serienkillers Patrick Bateman in Mary Harron's Bret Easton Ellis-Verfilmung *American Psycho* von 2000 mehr als qualifiziert hat :-) – Bale ist darin schlichtweg *großartig*!). Insofern habe ich mich sehr gefreut, dass Michael Keaton, der irgendwie nach seinen beiden *Batman*-Filmen mit Tim Burton lediglich durch seine Nebenrolle als ATF-Beamter „Ray Nicolette" in Quentin Tarantino's wirklich formidablem *Jackie Brown* (literarische Vorlage: Elmore Leonard's Roman „*Rum Punch*"; *vielleicht* in Wahrheit sogar der *beste* Tarantino-Film!) aus 1997 aufgefallen war, 2014 mit der „black comedy" *Birdman or (The Unexpected Virtue of Ignorance)* (Birdman oder (Die unverhoffte Macht der Ahnungslosigkeit); Regie: Alejandro Gonzales Inarritu) so etwas wie ein kleines (und Hauptrollen-Oscar-nominiertes) Comeback gelungen ist. Ein sehenswerter Film mit Michael Keaton ist im Übrigen auch die wunderbare Komödie *The Dream Team* (Das Traum-Team; Regie: Howard Zieff) aus 1989, in der Keaton einen von vier Psychiatrie-Patienten spielt, die, befreit von ihren Medikamenten, Ausgang haben und in New York in einen Mordfall verwickelt werden, den sie letztendlich lösen – ein echtes Komödien-Juwel, aber einem größeren Publikum *leider* eher unbekannt.

Ach ja: Der *Vorspann* zu Tim Burton's *Batman*-Film von 1989, in dem zunächst der Eindruck erweckt wird, dass sich die Kamera durch eine Art Labyrinth bewegen würde, dann, am Vorspann-Ende, aber klar wird, dass es sich dabei um nichts weniger als um das *Bat(man)*-Symbol selbst gehandelt hat, das schließlich in einer Art Totalen zu sehen ist, ist *der beste Vorspann* aller bisherigen *Batman*-Filme geblieben!

Dass *zu viele* Schurken einem Film aber manchmal auch schaden können, davon kann man sich leider in *Batman Returns* (1992; Batmans Rückkehr) überzeugen, dem zweiten und letzten *Batman*-Film, den Tim Burton inszeniert hat. So steht Christopher Walken, Bösewicht Nummer 1, der in dem Film tatsächlich „Max Shreck" heißt (eine Hommage an den berühmten Nosferatu-Darsteller Max Schreck, der 1922 die Titelrolle in Friedrich Wilhelm Murnau's legendärem Stummfilm *Nosferatu-Eine Symphonie des Grauens* spielte!), irgendwie die ganze Zeit nur herum und wartet, dass etwas passiert :-). Michelle Pfeiffer hingegen, die „Catwoman" Selina Kyle spielt, Bösewicht

Nummer 2, kann sich den gesamten Film über nicht entscheiden, auf welcher Seite sie stehen soll, *eher* auf der Seite von Batman Michael Keaton oder doch *eher* auf der von Shreck, was sie zu so etwas wie einer leicht paralysierten Figur macht. Danny DeVito wiederum, Bösewicht Nummer 3, wird, als „Pinguin“ Oswald Cobblepot, ausgesprochen abstoßend und fast dämlich dargestellt, was ihn als ernstzunehmenden Bösewicht von vornherein disqualifiziert. Tja – da bleibt wirklich nicht viel übrig von den drei Schurkenfiguren, außer das Vergnügen, das ein alter *Michelle Pfeiffer*-Fan wie ich ohnehin hat, wenn Michelle Pfeiffer irgendwo mitspielt :-). Hätten sich die *Batman Returns*-Macher darauf besonnen, welchen starken und bleibenden Eindruck der Joker im Film von 89 hinterlassen hat, dann hätte man vielleicht die Chance gehabt, qualitativ ein wenig an den Vorgänger anzuschließen.

Looks like Batman brought his own Robin

(aus: EMINEM’s Song *Business* vom 2002er *The Eminem Show*-Album)

Die übliche „Joel Schumacher-Holzhammer-Behandlung“ haben auch seine beiden missglückten *Batman*-Filme *Batman Forever* (1995) und *Batman & Robin* (1997) erfahren, die maßgeblich mit daran schuld waren, dass die *Batman*-Reihe acht Jahre lang, bis eben zu Nolan's Wiederbelebung durch *Batman Begins* im Jahr 2005, auf Eis gelegt wurde. Schon grundsätzlich muss man sagen, dass der Regisseur Joel Schumacher (z. B.: 1987: *The Lost Boys*; 1994: *The Client*/dt. Titel: Der Klient; 1999: *8mm*/dt. Titel: 8mm – Acht Millimeter) nicht gerade der „Subtilste“ ist, er misstraut dem Zuschauer (oder der *Intelligenz* des Zuschauers!) förmlich und hat den Zwang, in seinen Werken stets alles zu erklären bzw. überzubetonen. Jede „Offensichtlichkeit“ wird bei Schumacher mindestens dreimal ausgesprochen (damit es sozusagen, aus seiner Sicht, auch der „Blödeste“ noch versteht :-)), was aber der Qualität seiner Werke oft sehr schadet (eine Ausnahme bildet hier hingegen der großartige *Michael Douglas läuft Amok*-Film *Falling Down*/dt. Titel: Falling Down – Ein ganz normaler Tag aus dem Jahr 1993, den man fast als *genial* bezeichnen könnte und der bei jedem Ansehen jedes Mal wieder von Neuem sehr großen Spaß macht. Aber selbst in diesem Schumacher-Film gibt es so einige Szenen und „Überbetonungen“… - aber lassen wir das besser :-)).

Schumacher's *Batman*-Filme jedenfalls sind durch eine teilweise unerträgliche „Comic-Optik" gekennzeichnet, die betont „farbenfroh" rüberkommt und die reichlich wenig mit den düsteren Comic-Welten eines Tim Burton zu tun hat – und schon gar nichts mit dem eher *realistisch* dargestellten „Gotham City" in Nolan's Filmen.

Batman Forever, in dem Val Kilmer seinen einzigen Auftritt als Batman hat (*Anmerkung*: Kilmer hat in der Branche immer als „extrem schwierig" gegolten und so mancher Regisseur hat ihn nach Beendigung der Dreharbeiten mit Freuden vom Set gejagt – so auch Joel Schumacher :-)), ist grundsätzlich ein reichlich hysterisches Spektakel, das aber letztendlich dann wieder ausgerechnet von dem Schauspieler *ein wenig* gerettet wird, der im Zentrum der Hysterie steht, ja sie förmlich entscheidend mitentfacht, nämlich von Jim Carrey, der den „Riddler" Edward Nygma spielt. Mit seiner gewohnt durchgeknallten Performance stiehlt Carrey, der mein absoluter *Lieblingskomiker* ist und dessen unterschätzten Film *The Cable Guy* (1996; Cable Guy – Die Nervensäge; Regie: Ben Stiller) ich für *einen der besten Stalking-Filme* überhaupt halte, ein wenig dem anderen Bösewicht im Film die Show, nämlich Tommy Lee Jones, der Harvey „Two-Face" Dent spielt, den durch einen Säureangriff einseitig entstellten Ex-Generalstaatsanwalt von Gotham City, der Batman letztendlich für seine Entstellung verantwortlich macht. Im Gegensatz zu Burton verzichtet Schumacher aber auch nicht auf Batman's Helfer und Sidekick „Robin", der von Chris O' Donnell dargestellt wird. Die Figur von Batman's „Juniorpartner" Robin ist eine etwas problematische, weil sie irgendwie stets gefährdet ist, eine *unfreiwillige* Komik in das Ganze zu bringen und als „nerviges Anhängsel" zu erscheinen, das kein Mensch so wirklich braucht :-). Nolan löst das „*Robin*-Problem" in seinen drei Filmen dadurch, dass er diese Figur in *Batman Begins* und *The Dark Knight* überhaupt weglässt, in *The Dark Knight Rises* aber mit dem jungen Polizisten „John *Robin* Blake", gespielt von Joseph Gordon-Levitt, eine etwas andere „Robin"-Figur präsentiert, die aber eher so etwas wie ein von Batman selbst auserkorener *Nachfolger* wird.

Batman & Robin, Schumacher's zweiter und letzter *Batman*-Film, ist ohne Zweifel dann die absolute „*Super*-Gurke" unter den *Batman*-Filmen. Nur der wahrlich bizarre *Batman v Superman: Dawn of Justice* aus 2016, inszeniert von Zack Snyder, mit „Batman" Ben Affleck und „Superman" Henry Cavill, eine Art Fortsetzung von Snyder's *Superman*-Film *Man of Steel* (2013; *Produzent*: Christopher

Nolan!) und ein „seelenloses Spektakel“ der Sonderklasse, kann sich mit *Batman & Robin* ein wenig messen :-).

Einen Mann wie Clooney, ich meine: einen Mann, der *aussieht* wie George Clooney, sollte man nicht in ein Batman-Kostüm stecken! Clooney mit Fledermausohren – einfach *grauenhaft*! Aber neben der unbestreitbaren Tatsache, dass George Clooney die wohl *unglückseligste Fledermaus aller Zeiten* abgibt :-), können auch die Haupt-Bösewichter „Mr. Freeze“ Arnold Schwarzenegger und „Poison Ivy“ Uma Thurman den Film nicht, wie gewohnt, ein wenig retten (genauso wenig wie Alicia Silverstone als, neben „Robin“ Chris O‘ Donnell, zweiter Batman-Sidekick Barbara „Batgirl“ Wilson – Silverstone hat für ihre Leistung 1998 eine *Goldene Himbeere* als „schlechteste Nebendarstellerin“ erhalten :-)). Eine Enttäuschung in *Batman & Robin* ist aber auch „Bane“ (gespielt von Jeep Swenson), eine Art Neben-Bösewicht in Schumacher’s Film, der aber lediglich eher als „dumpfer“ Schläger dargestellt wird und nicht als der „brillante Stratege“, der er in den Comics ursprünglich ist oder in dem Nolan-Film *The Dark Knight Rises*, in dem Tom Hardy einen extrem unheimlichen, bedrohlichen, gleichzeitig aber vielschichtigen Bane präsentiert.

IV

BRUCE WAYNE (alias „BATMAN“)

Na ja. Also. Ein Kerl, der sich anzieht wie eine Fledermaus, hat eindeutig Schwierigkeiten.

(Christian Bale in Christopher Nolan's *Batman Begins*)

Ab 2005 ist dann also Christian Bale in das berühmte Fledermauskostüm geschlüpft und hauchte der einst von Bob Kane erfundenen und schließlich von Bill Finger weiterentwickelten Comic-Figur, die ihren Comic-Erstauftritt 1939 in der 27. Ausgabe der ***D**etective* ***C**omics* (*Anmerkung: DC Comics* zählt heute neben *Marvel Comics* zu den größten US-amerikanischen Comic-Verlagen) hatte, neues Leinwand-Leben ein. Bale und Nolan haben ja bekanntlich abseits der *Dark Knight*-Trilogie auch in dem genialen *Krieg der Magier*-Film *The Prestige* (2006; Prestige – Meister der Magie) zusammengearbeitet, einem der *allerbesten* Nolan-Filme, in dem sich die beiden „Magier“ Hugh Jackman und Christian Bale im London des 19. Jahrhunderts ein erbittertes Duell liefern. Noch dazu ist *The*

Prestige, neben David Cronenberg's phantastischem „psychological body horror drama" *Dead Ringers* (1988; Die Unzertrennlichen) mit Jeremy Irons, so gut wie der einzige Film, in dem das reichlich beliebte *Doppelgänger*- oder *Zwillings*-Motiv (während Bale ohnehin sozusagen einen Zwilling im Film hat, der ihm beispielsweise, wie sich am Ende herausstellt, bei seinen verblüffenden „Verschwinde-Tricks" geholfen hat, fertigt Jackman mittels einer Apparatur von Nikola Tesla, der im Übrigen von David Bowie gespielt wird, Klone von sich selbst an – und das ebenfalls zum Zwecke von Zaubertricks auf der Bühne!), das manchmal als allerletzte „Notfall-Krücke" in Filmen herhalten muss, intelligent und absolut schlüssig eingesetzt ist. Außerdem: Mit David Bowie als Erfinder Nikola Tesla hat das Werk natürlich ein Zusatz-Ass im trickreichen Ärmel :-).

Fast hätte Nolan allerdings mit *Batman Begins* einen *kleinen* Fehlstart seiner Trilogie hingelegt, denn der Film ist mit Abstand der schwächste von allen dreien. Allerdings: *Batman Begins* ist auch der einzige *Batman*-Film, der eigentlich fast der Batman-Figur *alleine* gehört, die, ganz im Sinne der Comic-Vorlage und angesichts des Batman'schen Ur-Antriebs, nämlich des Wunsches, den Tod der eigenen Eltern zu rächen und daher Gangster aller Art zu bekämpfen, als eine von Rachegedanken, Zorn und Hass getriebene Figur gezeigt wird, die aber dennoch *auch* ihre eigene *Angst* überwinden muss.

Das Problem an *Batman Begins* ist dementsprechend ganz sicher nicht Bale und sind auch ganz sicher nicht seine sympathischen Co-Stars Katie Holmes (als Staatsanwältin und Wayne's Kindheitsfreundin „Rachel Dawes"), Michael Caine (als Wayne's treuer Butler „Alfred Pennyworth"), Morgan Freeman (als gewiefter Entwickler „Lucius Fox") oder Gary Oldman (als ehrlicher Police-Sergeant James *Jim* Gordon), sondern sind eher die *schwachen* Bösewicht-Figuren, die uns Nolan da präsentiert, allen voran natürlich Liam Neeson als Henri Ducard alias „Ra's al Ghul", ein Mann, der Wayne zu Anfang des Films zu einer Art „Ninja-Krieger" ausbildet, sowie Cillian Murphy als verrückter Psychiater Dr. Jonathan Crane alias „Scarecrow". Beide Bösewichter machen, ehrlich gesagt, nicht viel her und können mit dem Joker aus *The Dark Knight* oder mit Bane aus *The Dark Knight Rises* nicht im Mindesten mithalten.

Und *dennoch*, vergleicht man jetzt Schumacher's schwachen *Batman & Robin* mit Nolan's *Batman Begins*, dann ist das unterm Strich trotzdem ein wenig so, als würde man, im Bereich des so genannten erotischen Films, Paul

Verhoeven's plakativ-unterhaltsames *Basic Instinct* (1992) mit Ingmar Bergman's tiefgründigem Meisterwerk *Das Schweigen* (1963; schwedischer Originaltitel: *Tystnaden*) vergleichen :-).

BRUCE WAYNE

(gerade in einer Zelle eines chinesischen Gefängnisses sitzend, in der Henri Ducard, der in Wahrheit selbst der besagte „Ra's al Ghul" ist [was Wayne aber erst gegen Ende des Films erfährt], plötzlich aufgetaucht ist)

Und welchen Weg hat Ra's al Ghul anzubieten?

HENRI DUCARD/RA'S AL GHUL

Der eines Menschen, der seinen Hass auf das Böse mit anderen teilt. Und danach trachtet, wahrer Gerechtigkeit zu dienen. Den Weg der „Gesellschaft der Schatten".

(aus: *Batman Begins*)

Ein paar Worte zu dem „Ninja-Motiv" in *Batman Begins*, denn „Ra's al Ghul" Liam Neeson führt ja bekanntlich die in dem Zitat erwähnte „Gesellschaft der Schatten"

(„League of Shadows“), eine Art Ninja-Truppe, an, in der Wayne zunächst aufgenommen wird, welche sich aber dann bald als nichts weiter als eine Bande skrupelloser Mörder entpuppt, die Selbstjustiz üben möchte und schließlich sogar das aus ihrer Sicht „sündenhafte“ und „zutiefst korrupte“ Gotham City auslöschen will (ein Plan, gegen den Batman dann natürlich etwas hat und unternehmen muss :-)).

Ninjas („Ninja“ bedeutet so viel wie „Verborgener“), laut Wikipedia eben „besonders ausgebildete[] Kämpfer des vorindustriellen Japans, d[ie] als Kundschafter, Spion[e], Saboteur[e] oder Meuchelmörder eingesetzt wurde[n]“ :-), wären an sich sehr gute, lohnende oder *zumindest* brauchbare Figuren für das Action-Kino. Aber: Es gibt leider keinen einzigen *wirklich* ernstzunehmenden oder *wirklich* guten Ninja-Film! – außer *vielleicht* den amüsanten *Ninja in the Dragon's Den* (1982; Ninja Kommando) von Corey Yuen mit Hiroyuki Sanada und Conan Lee.

Natürlich kann man sich auch einen Ninja-Film mit dem Japaner Sho Kosugi ansehen, wie etwa *Revenge of the Ninja* (1983; Die Rückkehr der Ninja) oder *Nine Deaths of the Ninja* (1985; Die neun Leben der Ninja), oder die *American Ninja*-/dt.: American Fighter-Reihe mit 80er-Jahre-

B-Movie-Action-Star Michael Dudikoff, und hier vor allem *American Ninja* (1985; American Fighter; Regie: Sam Firstenberg) und *American Ninja 2: The Confrontation* (1987; American Fighter 2: Der Auftrag; Regie: Sam Firstenberg), aber so wirklich das Gefühl, hier die „Non-plus-Ultras“ des Action-Kinos zu sehen, wird man dabei ganz sicher nicht haben :-). Einen von zahlreichen Tiefpunkten des Genres „Ninja-Film“ stellt ohnehin der vierte Teil der *American Ninja*-Reihe dar, betitelt mit *American Ninja 4: The Annihilation* (1990; American Fighter 4: Die Vernichtung; Regie: Cedric Sundstrom), in dem Michael Dudikoff, nachdem er 1989 in Teil 3 (*American Ninja 3: Blood Hunt*/dt. Titel: American Fighter 3: Die blutige Jagd; Regie: Cedric Sundstrom) nicht mit von der Partie war, wieder in seiner Rolle des „American Ninjas“ Joe Armstrong zu sehen ist, allerdings nur in einer Nebenrolle neben dem neuen und bereits in Teil 3 eingeführten „American Ninja“ Sean Davidson, gespielt von David Bradley. In *American Ninja 4: The Annihilation* wird wirklich *jegliche* Seriosität im Zusammenhang mit Ninjas aufgegeben - und wer wissen will, warum ich dies meine, soll sich die Szene in dem Film anschauen, in der eine „Groß-Gruppe“ von bösen Ninjas mit gezückten Schwertern stumpfsinnig und wie

Roboter immer in dieselbe Richtung ins Nirgendwo weitermarschiert, ohne sich jemals umzudrehen, *obwohl*, irgendwie deutlich sicht- und hörbar, hinter ihnen bereits wieder die Post abgeht bzw. sich die von ihnen intensiv gesuchten Hauptfiguren *lautstark* unterhalten – ein Meisterstück des Trashs und wieder einmal auch der *unfreiwilligen* filmischen Komik!

Nun, so einen inszenatorischen Quatsch im Zusammenhang mit Ninjas leistet sich das Regie-Genie Nolan in *Batman Begins* natürlich nicht, wenngleich auch er aus dem im Film ja schließlich dargebotenen Ninja-/„Gesellschaft der Schatten"-Motiv nicht allzu viel herausholen kann. Was bleibt ist, außer ein paar schlaue „Ra's al Ghul-Sprüche" über die „Kunst des Tarnens und Täuschens", eben nur die Tatsache, dass Ra's al Ghul's Mitstreiter oft und gerne maskiert herumlaufen :-).

RA'S AL GHUL

Gentlemen. Es wird Zeit, die Botschaft zu verbreiten.

Die Botschaft heißt: Panik!

(aus: *Batman Begins*)

Wie dann später in *The Dark Knight* und *The Dark Knight Rises* auch, und dort noch weit stärker und sehr viel deutlicher, präsentiert uns Nolan in *Batman Begins*, wie aus dem obigen Zitat hervorgeht, auch ganz nebenbei die üblichen „Denk- und Operationsweisen" des internationalen Terrorismus', der, ganz egal, welche grundsätzliche ideologische Ausrichtung er hat, unter dem Vorwand, gewisse Werte zu vertreten und zu verteidigen, letztendlich stets *nur* daran interessiert ist, ein Klima der Panik und des Schreckens zu kreieren. Aber wie gesagt: In Teil 2 und 3 von Nolan's *Batman*-Trilogie wird das Ganze noch expliziter an- und auch ausgesprochen.

Tja – als ich im Juni 2005 in einem Grazer Kino saß und mir *Batman Begins*, sozusagen den neuen „Christopher Nolan-Film" :-), ansah, also den neuen Film eines Regisseurs, der mich ein paar Jahre zuvor mit seinem Thriller *Insomnia* zu Begeisterungsstürmen hingerissen hatte, dachte ich in der Tat sofort: Nicht schlecht, aber *irgendwas* ist aber auch *nicht* gut an dem Film.

Heute denke ich eben, dass die eher schwachen Batman-Gegenspieler das Problem des Films waren und sind.

Aber: Der *zweite* Gedanke, den ich damals im Kino hatte, war: Na *wenigstens* bietet der neue Nolan ein Wiedersehen mit Rutger Hauer, den der spielt den „halbbösen" Mr. Earle, den Vorstandsvorsitzenden von „Wayne Enterprises", der am Ende von „Lucius Fox" Morgan Freeman auf Wayne's Anordnung hin abgelöst wird.

Und jetzt geht's los.

(And here we go.)

(Der *Joker* Heath Ledger in Christopher Nolan's *Batman*-Film *The Dark Knight* aus 2008)

V

JOKER

Ich glaube, alles, was einen nicht tötet, macht einen...komischer.

(I believe whatever doesn't kill you simply makes you…stranger.)

(aus: *The Dark Knight*)

JOKER

Oh, hee-hee, aha. Ha, ooh, hee, ha-ha, ha-ha.

Und ich dachte, meine Witze wären schlecht.

(And I thought my jokes were bad.)

(aus: *The Dark Knight*)

JOKER

Ich erkenne Verräter, wenn ich sie sehe.

(I know the squealers when I see them.)

(aus: *The Dark Knight*)

Also, immer wenn ich das Bedürfnis verspüre, und dieses Bedürfnis verspüre ich so ungefähr alle zwei oder drei Jahre :-), mir Christopher Nolan's *The Dark Knight* anzusehen, wäre ich anfangs *fast* immer geneigt, mir ausschließlich *nur* die Szenen reinzuziehen, in denen der *Joker* Heath Ledger vorkommt, so großartig ausgearbeitet und gespielt empfinde ich diese Figur in dem Film. Natürlich sehe ich mir dann doch immer den *ganzen* Film an, denn sich nur die Szenen mit Ledger anzusehen, hieße auch, *eines der großen filmischen Meisterwerke der letzten zehn Jahre* irgendwie nicht ausreichend zu würdigen :-).

Nolan hat mit *The Dark Knight* innerhalb seiner *Batman*-Trilogie, nach dem, im Vergleich zu Teil 2 und 3 eben, etwas schwächeren *Batman Begins*, wahrlich die Kurve gekriegt und so etwas wie einen *Film-Klassiker* geschaffen, der nicht nur Golden Globe-prämiert (2009: *Bester Nebendarsteller* Heath Ledger – *posthum*) und Oscar-prämiert (2009: *Bester Nebendarsteller* Heath Ledger – *posthum*/*Bester Tonschnitt* Richard King) wurde, sondern dazu auch noch weltweit über eine Milliarde Dollar an den Kinokassen lukriert hat.

Wie oben schon angedeutet, sind sämtliche Szenen des Films, in denen der Joker vorkommt, gleichzeitig seine Höhepunkte, denn Heath Ledger (1979-2008) dominiert Nolan's Film förmlich und übertrifft mit seiner abgründigen und wunderbar irren *Joker*-Performance sogar Jack Nicholson's *Joker*-Darstellung in Tim Burton's *Batman* aus 1989 (rein *objektiv* gesehen, meine ich – de facto bleibt aber *natürlich* Jack Nicholson *für mich* „*Joker*-Nummer 1" :-)).

Ledger's tragischer früher Tod (offizielle Todesursache: „[...] *acute intoxication by the combined effects of oxycodone, hydrocodone, diazepam, temazepam, alprazolam and doxylamine*" – so, laut *Associated Press*-News, der *New York City Medical Examiner*) mit nur 27 Jahren hat Hollywood einen seiner besten so genannten „Jungschauspieler" oder „Jungstars" genommen, der, wie es Mel Gibson (spielte 2000 Ledger's Vater in Roland Emmerich's historischem Kriegsfilm *The Patriot*/dt. Titel: Der Patriot) nach Ledger's Tod einmal *so ähnlich* ausgedrückt hat, gerade erst *begonnen* hatte, wirklich berühmt zu werden.

Obwohl Ledger in Hollywood in den 2000er-Jahren schon länger als absolut „heiße Aktie" gegolten hatte und ihm das Publikum weltweit immer stärker gewogen schien, ist dieser Trend irgendwie, um ehrlich zu sein, etwas an mir persönlich vorbeigegangen, denn den angesprochenen *The Patriot* mit Mel Gibson habe ich erst viel später, *nach* Ledger's Tod, gesehen. Genauso wie beispielsweise den schwachen *Jung-Ritter*-Film *A Knight's Tale* (2001; Ritter aus Leidenschaft; Regie: Brian Helgeland), der sich darin gefällt, vermeintlich „hippe" Anachronismen zu bieten, wie etwa die Tatsachen, dass in der Eingangssequenz die Tunier-Zuschauer zu *We Will Rock You* (1977) von *Queen* klatschen oder dass der im Film in den Tanzszenen dargebotene Tanzstil ebenfalls äußerst modern ist. *Vor* Ledger's Tod habe ich lediglich zwei Filme mit ihm im Kino gesehen, die man, aus heutiger Sicht vielleicht noch stärker, als *absolute Meisterwerke* bezeichnen kann, nämlich Marc Forster's bewegendes Drama *Monster's Ball* (2001) und Ang Lee's großartigen Liebesfilm *Brokeback Mountain* (2005). In *Monster's Ball* ist Ledger in einer „wirklichen" Nebenrolle (der Joker in *The Dark Knight* gilt zwar, auch „Oscar-technisch", als Nebenrolle, ist es aber de facto nicht!) zu sehen und spielt den sensiblen „Sonny", den Sohn von Billy Bob Thornton, der vor den Augen des Vaters schließlich Selbstmord begeht, weil er dem psychischen Druck, der bei seiner Aufgabe entsteht, Häftlinge auf ihrem Weg zur Hinrichtung zu begleiten, nicht standhält, eine Tatsache, die ihm sein Vater Hank, der Hinrichtungen in einem US-Südstaatengefängnis leitet, mehr als übel nimmt, was letztendlich den Selbstmord entscheidend mitverursacht. Heath Ledger's richtiger Vater Kim hat einmal gemeint, dass in der Rolle des „Sonny Grotowski" in *Monster's Ball* vielleicht am allermeisten vom „echten Heath Ledger" gesteckt hat – und in der Tat: Ledger's relativ kurzer Auftritt in dem Film ist *berührend* und irgendwie auch *unvergesslich*, gerade weil man, speziell jetzt im

Nachhinein, das Gefühl hat, dass irgendetwas vom *realen* Ledger in der Rolle mitschwingt!

Vielleicht, oder ganz sicher sogar, überhaupt der beste Film, in dem Ledger mitgespielt hat, ist *Brokeback Mountain* von Taiwan's Regie-Genie Ang Lee (z. B.: 1993: *The Wedding Banquet*/dt.: Das Hochzeitsbankett; 1994: *Eat Drink Man Woman*; 1997: *The Ice Storm*/dt.: Der Eissturm; 2000: *Crouching Tiger, Hidden Dragon*/dt.: Tiger & Dragon), der nach einer literarischen Vorlage (die Kurzgeschichte *Brokeback Mountain* ist 1997 erschienen) der US-Schriftstellerin Annie Proulx entstanden ist. Der Film folgt der homosexuellen und unterm Strich tragischen Liebesbeziehung zweier (moderner) Cowboys über den Zeitraum von zwei Jahrzehnten, einer Liebesbeziehung also, die wie geschaffen ist dafür, unter dem „Terror der Moralaposteln" zu leiden. Das eindringliche Werk gehört zweifellos *zu den besten Liebesfilmen, die je gedreht worden sind* und Ledger erreicht für mich, als „Ennis Del Mar", ein schauspielerisches Leistungs-Level, das man vielleicht nur mit Marlon Brando's frühen Auftritten in *A Streetcar Named Desire* (1951; Endstation Sehnsucht; Regie: Elia Kazan; literarische Vorlage: Tennessee Williams) oder in *On The Waterfront* (1954; Die Faust im Nacken; Regie: Elia Kazan) vergleichen kann. Aber man darf auch nicht Ledger's Co-

Star Jake Gyllenhaal vergessen, der als Del Mar's Freund „Jack Twist" ebenfalls eine hervorragende Leistung abliefert.

An dieser Stelle seien aber noch zwei Ledger-Filme erwähnt, die man jeweils auch ohne Zweifel in die Kategorie „*Beste Filme über irgendwas*" einordnen kann, nämlich der stets zu Unrecht als „langweilig" titulierte historische Abenteuerfilm *The Four Feathers* (2002; Die vier Federn; Regie: Shekhar Kapur; Kamera: Robert Richardson) und das großartige australische Junkie-Drama *Candy* (2006; Candy – Reise der Engel; Regie: Neil Armfield). So ist *The Four Feathers*, der auf dem bereits mehrfach verfilmten Roman (erschienen 1902) des britischen Autors A. E. W. Mason basiert, *einer der besten Filme über Angst*, die es gibt. Allein Ledger's *Blick*, in dem plötzlich die *pure Angst* zu sehen und zu spüren ist, als er erfährt, dass er, als englischer Offizier „Harry Faversham" im Viktorianischen Zeitalter, mit seiner Einheit in den Sudan gehen soll (Faversham entzieht sich in der Folge dem Militärdienst, gilt fortan aber für seine Familie, unter seinen Militär-Freunden und bei seiner Verlobten als „Feigling"; als Zeichen der „Ächtung" seines Verhaltens erhält er vier Federn zugeschickt, die für seine „Feigheit" stehen – dies bewegt ihn dazu, seinen ehemaligen Freunden in den Sudan hinterher zu reisen, wo er dann einen ganz eigenen „Horror-Trip“ erlebt), ist wiederum *ganz große Schauspielkunst*.

Candy hingegen, der auf Luke Davies‘ Roman *Candy: A Novel of Love and Addiction* (erschienen 1997) beruht, halte ich für *einen der besten Junkie- & Drogen-Filme* überhaupt. Und die Schlusssequenzen, in denen „Dan“ Heath Ledger seine mittlerweile cleane Freundin „Candy“ Abbie Cornish gehen lassen will/muss, weil er erkennt, dass das für sie nicht gut ist, wenn sie mit jemanden zusammen ist, der noch immer abhängig ist, sind schlichtweg *berührend* und ein eindrucksvoller Beleg dafür, dass Ledger eben so etwas wie ein *schauspielerisches Genie* war, das leider viel zu früh verstorben ist. Und wie gesagt: Auch ich habe Ledger, so wie wahrscheinlich viele Leute, erst so *richtig* nach seinem Tod und ausgehend von seiner Rolle des Jokers in dem Nolan-Film *The Dark Knight* „neu entdeckt“.

VI

Kann man seinen Kodex, seine Werte und seine Integrität bewahren, wenn die Gegenseite, gegen die man in den Kampf ziehen muss, keinerlei Werte oder einen Kodex hat und schon gar nicht so etwas wie Integrität?

Das ist ein wenig die Grundfrage, die Grundproblematik, der sich „Batman" Christian Bale in Christopher Nolan's epischem *Batman*-Film *The Dark Knight* gegenübersieht, und dort natürlich personifiziert in der Figur des Jokers, der ein Schurke ist, „ein Mörder und Psychopath", wie ihn Batman einmal im Film nennt, den der dunkle geflügelte Ritter nicht auf Anhieb versteht. Sein treuer Butler, Partner und Freund Alfred Pennyworth, wunderbar gespielt von dem großen Michael Caine, klärt ihn in einer Szene dann über die wahre Natur des Jokers auf, den er anscheinend, aufgrund eigener Kriegserfahrungen, besser versteht als sein „Arbeitgeber" Bruce Wayne:

ALFRED

(zu „Bruce Wayne/Batman“ Christian Bale)

Es gibt Menschen, die an logischen Dingen nicht interessiert sind. Zum Beispiel Geld. Man kann sie nicht kaufen, einschüchtern, sie zur Vernunft bringen oder mit ihnen verhandeln. Einige Menschen wollen die Welt einfach nur brennen sehen.

(aus: *The Dark Knight*)

Im Original heißt Caine's letzter Satz *Some men just wanna watch the world burn* – und es gibt keine bessere Beschreibung dessen, was nicht nur den Kern der Joker-Figur ausmacht, sondern auch den Kern des weltweiten Terrorismus' überhaupt, denn, wie ich bereits in Abschnitt 4 meines Artikels geschrieben habe, präsentiert uns Nolan in der *Dark Knight*-Trilogie, so ganz nebenbei, verpackt in „*Batman*- und Unterhaltungs-Filmen“, die Denk- und Operationsweisen des internationalen Terrorismus' und liefert somit gleichzeitig eine kluge Bestandsaufnahme der damaligen (2008) sowie der derzeitigen „Welt-Situation“. Kein „Arthouse-Film“ hat das so gut hingekriegt wie Christopher Nolan in seinen drei „*Dunkler Ritter*-Filmen“!

Tatsächlich ist Gotham City, dem Nolan in *The Dark Knight* endgültig ein realistisches Antlitz verpasst hat (man hat beim Betrachten unweigerlich einfach ein „New York-Gefühl" :-), obwohl der tatsächliche Drehort *Chicago* war; Batman's Kurz-Trip nach Hong Kong im ersten Drittel des Films trägt natürlich auch dazu bei, den „Realismus-Faktor" zusätzlich zu erhöhen), eine Stadt, die unter einer Art *Terrorismus* leidet, nämlich unter dem des Verbrechens, der Gangster. Und der Joker, der eigentlich den anderen „Gangstern mit Werten" *auch* unheimlich ist (dennoch brauchen sie ihn, den „*Freak*", wie ihn einmal ein Gangster im Film nennt, im Kampf gegen Batman und gegen den unerschrockenen Staatsanwalt Harvey Dent, der von Aaron Eckhart gespielt wird), sieht sich zwar in seinem Selbstverständnis ebenfalls als Anführer einer „Organisation", aber man hat im Laufe des Films mehr und mehr das Gefühl, dass man es eher mit einer „terroristischen Vereinigung" zu tun hat als beispielsweise mit einer „Mafia-Organisation". Nachdem er einen ihm gegenüber „kritisch eingestellten" farbigen Gangster erstochen hat, erwähnt der Joker dann seine noch kleine „Organisation":

JOKER

So. Unsere Organisation ist klein. Aber: Es gibt ein riesen Potential für aggressive Expansion.

(Now. Our operation is small. But: There's a lot of potential for aggressive expansion.)

(aus: *The Dark Knight*)

Überhaupt zeigt sich der Joker eben auch gegenüber seinen „Kollegen“ aus der Verbrecher-Welt *gnadenlos* und gibt ihnen zu verstehen, dass er ihr „Werte-System“ für *erbärmlich* hält. Die folgende Aussage des Jokers kriegt ein tschetschenischer Mafiaboss zu hören, während im Hintergrund ein riesiger Haufen an Geld brennt, den der Joker selbst in Brand gesteckt hat:

JOKER

Alles, was euch interessiert, ist Geld. Diese Stadt verdient ein anderes Kaliber von Kriminellen. Und ich werde es ihr geben.

(All you care about is money. This town deserves a better class of criminal. And I'm gonna give it to them.)

(aus: *The Dark Knight*)

Gleich darauf macht der Joker aber dem tschetschenischen Mafiaboss, der es ablehnt, dass seine eigenen Gefolgsmänner künftig für den Joker arbeiten sollen, auch klar, was er mit ihm weiter vorhat:

JOKER

Schneiden wir dich doch in kleine Häppchen und verfüttern dich erst mal an deine Köter. Hm? Dann werden wir sehen, wie treu ein hungriger Hund wirklich ist.

(Why don't we cut you up into little pieces and feed you to your pooches? Hm? And then we'll see how loyal a hungry dog really is.)

(der Tschetschene wird von den Männern des Jokers weggebracht)

Es geht nicht um Geld, sondern darum, eine Botschaft zu senden. Alles brennt.
(It's not about money, it's about sending a message. Everything burns.)

(aus: *The Dark Knight*)

Dass einem Psychopathen wie dem Joker aber ohnehin nicht zu trauen ist, das kriegen auch seine *eigenen*, von ihm für einen Banküberfall engagierten, Männer zu Beginn des Films, in einer von den Drehbuchautoren Christopher Nolan und Jonathan Nolan (Christopher Nolan's Bruder) *genial* ersonnenen Eröffnungsszene, zu spüren. Anscheinend hat nämlich der Joker jedem der Männer gesagt, er soll einen anderen aus der Gruppe nach erledigter Arbeit umbringcn, damit das erbeutete Geld unter weniger Leuten aufgeteilt werden muss, was aber letztendlich, nach einer gegenseitigen Erschießungsorgie, aber nur dazu führt, dass der Joker am Ende *alleine* mit dem ganzen Geld und in einem

Schulbus davonfährt – die *ultimative* Perfidie (und als solche eben Teil der *mit Abstand besten Eingangsszene aller bisher gedrehten Batman-Filme!*).

VII

Nun, wie bereits angedeutet, zwingt der „Joker“ Heath Ledger in Christopher Nolan's *The Dark Knight* „Batman“ Christian Bale dazu, dessen eigenen Kodex, dessen eigenes Wertesystem über den Haufen zu werfen, was aber wiederum eine Voraussetzung dafür ist, um einen „anarchistischen Psycho-Punk“ und Schwerverbrecher wie den Joker überhaupt bekämpfen zu können. Batman bewegt sich daher, ohnehin schon außerhalb des normalen Rechtssystems angesiedelt und letztendlich Vertreter der *Selbstjustiz*, auf einem schmalen Grat zwischen „Notwendigkeiten“ und grundsätzlich unethischem Vorgehen – eine Aufgabe, eine Grat-Wanderung, der sich im Übrigen auch jeder Staat, der sich der Bekämpfung von terroristischen Bedrohungen widmet, aussetzen muss! In diesem Zusammenhang ist auch Batman's „Such- und Abhöraktion“ zu verstehen, die er mit Hilfe eines von Wayne Enterprises entwickelten Verfahrens zur Abhörung von Mobiltelefonen durchführt, um den Joker in Gotham City aufspüren zu können. Batman lässt das zwiespältige Überwachungsinstrument aber am Ende in den Händen von „Lucius Fox“ Morgan Freeman, der droht zu kündigen, wenn Batman dieses „unethische“ Instrument weiterhin verwenden will. Fox zerstört am Ende des Films, auf Batman's Anleitung hin, dann die ganze Gerätschaft, die sozusagen ihren Zweck, nämlich einen Wahnsinnigen und Terroristen in einer Großstadt aufzuspüren, erfüllt hat.

Noch deutlicher von seinen „Grundwerten“ muss Batman dann in der grandiosen „*Verhörszene*“ abrücken, in der er den Joker mit körperlicher Gewalt, die einen, tja, an *Folter* erinnern könnte, dazu bringen will, die Aufenthaltsorte von Harvey Dent und Rachel Dawes (diesmal gespielt von Maggie Gyllenhaal, der Schwester von Jake Gyllenhaal, von der ich seit Steven Shainberg's wunderbarer Erotik-Komödie *Secretary* aus dem Jahr 2002, in der Gyllenhaal an der Seite von James Spader zu sehen ist, irgendwie ein kleiner Fan bin; Katie Holmes war, aus den bekannten Gründen – Ehe mit Tom Cruise usw. :-) – nicht mehr verfügbar) preiszugeben, die der Joker hat entführen lassen. In dieser von allen Beteiligten großartig gespielten Szene wird auch klar, dass es etwas schwer ist, jemanden unter Druck zu setzen, der, erstens, *keinerlei* Werte hat und, zweitens, offenbar auch keine Angst davor hat zu sterben. Das macht der Joker Batman, der begonnen hat, im Verhörraum wild auf ihn einzuprügeln, auch unmissverständlich klar – und zwar mit folgenden Worten:

JOKER

Du hast absolut nichts, nichts, womit du mir drohen kannst.

So viel Kraft und du kannst nichts damit anfangen.

(You have nothing, nothing to threaten me with.

Nothing to do with all your strengh.)

(aus: *The Dark Knight*)

Die ganze Harvey Dent-/Rachel Dawes-Geschichte nimmt aber ohnehin dann einen tragischen Verlauf, denn obwohl der Joker Batman die Orte nennt, an denen die beiden gefangen gehalten werden, stirbt Rachel, die Harvey Dent's Verlobte ist, durch eine Bombe, während der von Batman rechtzeitig gerettete Dent bei der Explosion der für ihn gedachten Bombe im Gesicht stark entstellt wird.

VIII

JOKER

Du hast doch wohl nicht geglaubt, ich riskiere die Schlacht um Gotham's Seele bei einem Faustkampf mit dir? Nein. Du brauchst ein Ass im Ärmel. Meins ist Harvey.

(You didn't think I'd risk losing the battle for Gotham's soul in a fistfight with you? No. You need an ace in the hole. Mine's Harvey.)

BATMAN

Was hast du getan?

(What did you do?)

JOKER

Ich habe Gotham's „Weißen Ritter" lediglich auf unser Niveau runtergebracht. Was nicht schwer war. Du weißt ja, mit Wahnsinn verhält es sich wie mit der Schwerkraft. Es reicht oft nur ein kleiner Schubser.

(I took Gotham's „White Knight" and I brought him down to our level. It wasn't hard. See, madness, as you know, is like gravity. All it takes is a little push.)

(aus: *The Dark Knight*; diese Unterhaltung findet unmittelbar nach dem Schlusskampf zwischen dem Joker und Batman statt)

Der größte Coup, den der Joker in *The Dark Knight* landet, ist zweifellos die geschickte „Umfunktionierung" des mutigen Bezirksstaatsanwalts und Batman-Mitstreiters Harvey Dent in den psychopathischen „Two-Face", der die Angewohnheit hat, mittels eines Münzwurfes über das Leben und Sterben von Leuten zu entscheiden. Wie in dem obigen Zitat angedeutet wird, hat der Joker Dent's „psychopathisches Potential" erkannt und es, mit Hilfe der zusätzlichen Traumatisierung Dent's durch Rachel's Tod, geschafft, aus ihm, aus Gotham's „Weißen Ritter", aus einem

„Hoffnungsträger“ für die Stadt (und aus einem „Hoffnungsträger“ auch für Batman, den „Dunklen Ritter“, der in Dent die Chance gesehen hat, sein Fledermauskostüm für immer an den Nagel zu hängen), ein mordendes Monster zu machen, das am Ende sogar die Ehefrau sowie die Kinder des mittlerweile zum „Commissioner“ ernannten „Jim Gordon“ Gary Oldman töten will, da er diesem irgendwie die Schuld daran gibt, dass Rachel Dawes letztendlich hat sterben müssen.

Großartig, so wie *so ziemlich alle* Joker-Aussagen in Nolan's Meisterwerk, sind aber auch die Worte, die der Joker findet, um den entstellten und in einem Krankenhaus liegenden Dent schließlich endgültig „umzupolen“. Während er Dent zusätzlich sogar noch eine Schusswaffe, einen Revolver, in die Hand drückt, dessen Abzug Dent jederzeit betätigen könnte, um ihn zu erschießen, sagt er Folgendes:

JOKER

Nimm einen kleinen Schuss Anarchie. Bring die althergebrachte Ordnung aus dem Gleichgewicht. Und was entsteht? Chaos. Ich bin das Chaos. Oh, und weißt du, was Chaos eigentlich ist? Es ist fair.

(Introduce a little anarchy. Upset the established order. And everything becomes chaos. I'm an agent of chaos. Oh, and you know the thing about chaos? It's fair.)

(aus: *The Dark Knight*)

Naja, „Chaos" ist nach diesen Worten vor allem auch in Dent endgültig angerichtet, denn dieser will, sozusagen seiner Lieblingsalltagsgewohnheit folgend, eine Münze über das Schicksal des Jokers entscheiden lassen – mit dem Ergebnis, dass der Joker dann fröhlich aus dem aufgrund einer Bombendrohung seinerseits evakuierten Krankenhaus wieder rausmarschiert und dieses doch noch, ohne Dent darin, in die Luft jagt.

Dunkle Zeiten brauchen ein Symbol der Hoffnung - und keine „Dunklen Ritter". Deshalb entscheidet sich Batman am Ende von *The Dark Knight* auch dafür, dass die Öffentlichkeit nichts über „Harvey Two-Face", der schließlich in einem Gerangel mit Batman ums Leben kommt, erfahren soll und nimmt Dent's Morde auf sich, damit dieser eine „Lichtgestalt" und ein „Retter mit Gesicht" für Gotham bleiben kann, etwas nämlich, das Batman selbst in dieser Form *nie* sein kann.

Super heroes tend to disappear

(aus dem *Red Hot Chili Peppers*-Song *Sick Love* aus deren 2016er-Album *The Getaway*)

IX

ALFRED

Sie haben Ihre Maske und den Umhang abgelegt. Aber Sie haben nie ein neues Leben für sich gefunden. Jemanden, mit dem Sie...

(„Alfred Pennyworth“ Michael Caine zu „Bruce Wayne“ Christian Bale; aus: Christopher Nolan’s *The Dark Knight Rises*; 2012)

BLAKE

Ich hab zu spät gelernt, dass man seine Wut verbergen sollte. Und Lächeln im Spiegel üben muss. Als würde man eine Maske aufsetzen.

(„John *Robin* Blake“ Joseph Gordon-Levitt zu Bruce Wayne; aus: *The Dark Knight Rises*)

MIRANDA TATE/TALIA AL GHUL

Ihre Gleichgültigkeit wirkt einstudiert, Mr. Wayne. Denn ein Mann, dem die Welt egal ist, gibt nicht die Hälfte seines Vermögens dafür her, sie zu retten. Und ist auch nicht so verletzt, wenn er verliert, dass er sich nur noch verkriecht.

(„Talia al Ghul“ Marion Cotillard zu Bruce Wayne; aus: *The Dark Knight Rises*)

BANE (Tom Hardy)

Ich bin das notwendige Böse.

(I’m necessary evil.)

(aus: *The Dark Knight Rises*)

BANE

Es ist unwichtig, wer wir sind. Wichtig ist nur unser Plan.

(aus: *The Dark Knight Rises*)

Warum um alles in der Welt hat Christopher Nolan die Tendenz, immer wenn er den britischen Schauspieler Tom Hardy in einem seiner Filme einsetzt, dessen Gesicht zu verhüllen? :-)

Denn: In dem exakt durchchoreographierten Weltkrieg II-Film *Dunkirk* (2017) ist Hardy, als herumfliegender Kampfpilot, *fast* die ganze Zeit über nur mit einer Fliegermaske zu sehen. Und in *The Dark Knight Rises*, Nolan's zweitem großen Meisterwerk innerhalb seiner *Dark Knight*-Trilogie, trägt er, als Söldner und Terrorist „Bane", gemäß der Comic-Vorlage ohnehin eine ein wenig *Darth Vader*-artige Maske, die, eine Art Droge abgebend, diese grausame Figur davor schützt, selbst unerträgliche Schmerzen zu erleiden (etwas nämlich, das sie sonst genießt, bei anderen zu verursachen).

Dieser „Verhüllungszwang" Nolan's, was Tom Hardy betrifft, ist nicht ganz nachzuvollziehen, denn *so* schlecht ist das Gesicht des Nachfolgers von Mel Gibson als *Mad Max* (Hardy spielte die Rolle in George Miller's *Mad Max: Fury Road* aus dem Jahr 2015) dann nun auch wieder nicht :-). Lediglich in dem Science Fiction-Meisterstück *Inception*, einem der originellsten *Heist*-Movies (*Anmerkung*: „Heist", ein englisches Wort, bedeutet „Raubüberfall"; in „Heist-Movies" begehen die Hauptfiguren Verbrechen, sind aber gleichzeitig die *Sympathieträger* des Films) aller Zeiten, darf Hardy den ganzen Film über, als Mitstreiter von Leonardo DiCaprio, der sich in dem Film zusammen mit seinem Team darauf spezialisiert hat, während eines *Traumes* wertvolle Informationen aus dem *Unterbewussten* der Opfer zu stehlen, sein Gesicht zeigen. Überhaupt verliert der nicht uncharismatische Hardy zunehmend mehr seinen Status als „Schauspieler-Geheimtipp" und gerät langsam aber sicher zu einem neuen „Leading Man" der Branche, was auch die Tatsache beweist, dass Hardy 2018 die Hauptrolle in dem Science Fiction-Antihelden-Film *Venom* spielt (Regie: Ruben Fleischer). Witzig ist aber auch Hardy's *Cameo*-Auftritt (*Anmerkung*: Ein „Cameo" ist das überraschende, zeitlich sehr kurze Auftreten einer bekannten Persönlichkeit in einem Film) in dem *Star Wars*-Film *Star Wars: The Last Jedi* (2017; Star Wars: Die letzten Jedi; Regie: Rian Johnson), in dem er einen „Sturmtruppler" der so genannten „Ersten Ordnung" spielt. So etwas wie ein Geheimtipp mit Tom Hardy ist wiederum die wunderbare und reichlich komplexe John le Carre-Verfilmung *Tinker Tailor Soldier Spy* (Dame, König, As, Spion; Regie: Tomas Alfredson; die Romanvorlage erschien 1974) aus 2011, in der es im Prinzip um eine „Maulwurfsjagd“ nach einem Verräter innerhalb des britischen Geheimdienstes im London der 70er-Jahre geht und in der Hardy neben seinem *The Dark Knight Rises*-Co-Star Gary „Commissioner Gordon“ Oldman zu sehen ist.

Nolan führt in dem wahrlich *grimmigen*, teilweise sogar leicht *bedrückenden*, und, wie ich in einem anderen Artikel einmal geschrieben habe, vielleicht deshalb sogar etwas *„uncharmanten“* *Batman*-Film *The Dark Knight Rises*, der übrigens wieder so etwas wie eine „Nolan-Familienproduktion“ ist (Drehbuch: Christopher und Jonathan Nolan; Produktion: Emma Thomas – Nolan’s Ehefrau; die *grandiose* Kameraarbeit stammt wiederum von Nolan’s genialen Stammkameramann Wally Pfister, der, soweit ich weiß, zwar kein Familienmitglied ist :-), mit dem der Regisseur aber, neben der gesamten *Dark Knight*-Trilogie, aber auch in folgenden Filmen zusammengearbeitet hat: 2000: *Memento*; 2002: *Insomnia*; 2006: *The Prestige*; 2010: *Inception*; als Regisseur hat Pfister allerdings den eher schwachen 2014er-Johnny Depp-Film *Transcendence* zu verantworten), sein *Gotham City als Ziel von Terroranschlägen*-Motiv auf die Spitze. Insofern ist *The Dark Knight Rises*, dem man auch den Untertitel *„Ra’s al Ghul’s*

Rache" verpassen hätte können, Nolan's intensivster „*Post 9/11-Batman*-Film" der ganzen Trilogie.

Nun, in dem „160-Minüter" *The Dark Knight Rises* konfrontiert uns Nolan zunächst mit einem körperlich und seelisch völlig abgenutzten Batman/Bruce Wayne, der sich, nach dem „Harvey Dent-Fiasko" in *The Dark Knight* und der damit verbundenen „Harvey Dent-Lüge", völlig zurückgezogen hat und eher wie eine Art „Sportinvalide" daherkommt. Lediglich die clevere, kampferprobte und sexy Selina Kyle, eine Diebin, die dann irgendwann im Film beginnt, sich „katzenartig" zu kleiden und daher eben „Catwoman" verkörpert, ohne, dass sie im Film jemals so genannt wird, kann Wayne ein wenig aus seiner Lethargie befreien. Kyle, die dargestellt wird von Anne Hathaway, die 2014 dann auch in Nolan's phantastischem Weltraum-Abenteuer *Interstellar* (2014) an der Seite von Matthew McConaughey zu sehen war, einem Film, der es vielleicht wie kein anderer geschafft hat, wissenschaftliche Theorien Blockbuster-tauglich auf die Leinwand zu bringen, wird schließlich zu Wayne's „love interest" im Film und macht ihm auch klar, dass er sich *eigentlich* nicht mehr, selbst wenn Bane mit seiner Söldner-Bande ganz Gotham terrorisiert und die Stadt von der Außenwelt völlig isoliert hat und diese letztendlich zerstören will, für Gotham City aufopfern müsste. An einer Stelle sagt „Catwoman/Selina Kyle“ Anne Hathaway zu „Batman/Bruce Wayne“ Christian Bale dann also Folgendes:

SELINA KYLE/CATWOMAN

Komm mit mir! Du kannst dich noch retten! Du schuldest diesen Leuten nichts, aber auch gar nichts mehr. Du hast ihnen alles gegeben.

BATMAN

Nicht alles. Noch nicht.

(aus: *The Dark Knight Rises*)

Natürlich brennt der „Dunkle Ritter“, wie er in dem Dialog selbst andeutet, aber nicht so einfach *vor* getaner Arbeit mit Catwoman durch und überlässt die Stadt Gotham ihrem Schicksal :-). Bevor Batman dann am Filmende mit dem *Batwing* (auch *The Bat* genannt; – die *Batwing*-Flugszenen kommen *wahnsinnig realistisch* daher und sind, was die Filmtechnik betrifft, wohl mehr als nur „state of the art", eher auf dem „*aller*letzten Stand der Technik" – wirklich *erstaunlich!*) und dem „Fusionsreaktor", der ganz Gotham zerstören würde, hinaus Richtung Meer fliegt, verabschiedet er sich aber auch von seinem alten Mitstreiter „Jim Gordon" Gary Oldman, der sich, zusammen mit „John *Robin* Blake" Joseph Gordon-Levitt, als mutiger „Untergrundkämpfer" gegen Bane's Terrorregime erwiesen hat. Das „Geschenk", das Batman Gordon gleichzeitig in dem Dialog macht, ist jenes, dass er seine wahre Identität enthüllt (die im Übrigen im Film irgendwie schon so gut wie jede Hauptfigur zu wissen scheint, nur eben Gordon, seltsamerweise, nicht :-)):

JIM GORDON

Es hat mich nie gekümmert, wer Sie sind.

BATMAN

Und das war richtig.

JIM GORDON

Aber sollten die Menschen den Helden nicht kennen,
der sie gerettet hat?

BATMAN

Jeder kann ein Held sein. Auch ein Mann, der etwas so Einfaches tut, wie einem kleinen Jungen einen schützenden Mantel um die Schultern zu legen. Und ihm zeigt, dass die Welt nicht untergegangen ist.

[zur *Erklärung*: Jim Gordon, damals selbst noch normaler Streifenpolizist, hat seinerzeit den kleinen Bruce Wayne unmittelbar nach der Ermordung von dessen Eltern getröstet - die entsprechende Szene findet sich in dem 2005er-Film *Batman Begins*; nach diesem Dialog erkennt nun, endlich :-), auch Gordon, dass Bruce Wayne „Batman" ist]

(aus: *The Dark Knight Rises*)

Sehr schön sind Christopher Nolan auch die finalen Szenen des Films (und somit der ganzen *Dark Knight*-Trilogie) gelungen, in der man noch einen Eindruck bekommt, wie es mit den Hauptfiguren „weitergeht". *Natürlich* ist „Batman" Bruce Wayne, dank eines doch noch reparierten *Autopiloten* seines *Batwing*, in der Atomexplosion auf dem Meer nicht gestorben und sitzt, zusammen mit Selina Kyle, sichtlich entspannt an einem Restaurant-Tisch im italienischen Florenz im Freien, während die beiden von „Alfred Pennyworth“ Michael Caine beobachtet werden, dessen alter Traum (den er im Film auch einmal erzählt), nämlich, dass sein Freund und „Arbeitgeber“ Bruce Wayne so etwas wie *Frieden* findet, endlich *wahr* geworden ist. Blake hingegen, wie Wayne ein Waisenkind, dessen zweiter Vorname eben „Robin“ lautet, erkundet die *„Bat-Höhle“*, zu der ihm Wayne, nach dessen *gefakten* Tod, den Zugang ermöglicht hat und dem Zuschauer wird klar, dass man es hier mit dem „offiziellen Wunsch-Nachfolger“ von Batman zu tun hat.

Nolan erspart uns also in *The Dark Knight Rises* eine Szene, in der „Batman & Robin“ als fixes Duo gemeinsam auflaufen und angesichts der beiden nicht so guten Joel Schumacher-*Batman*-Filme, die beide eben *„Batman & Robin“-Batman*-Filme gewesen sind, muss man sagen: Nolan sei Dank!

X

Jetzt aber wieder zu dem „Non-plus-Ultra“ aller *Batman*- oder überhaupt *Superhelden*-Filme: Den *Bösewichten*!

Heath Ledger's Joker-Darstellung ist, wie ich bereits ausführlich dargelegt habe, brillant und wohl nur schwer zu toppen. Und in der Tat: „Bane“ Tom Hardy erreicht in *The Dark Knight Rises* natürlich nicht ganz die Dominanz des Jokers in *The Dark Knight*. Der Umstand, dass Hardy eine Maske tragen muss, erschwert es natürlich ungemein, die Zuschauer mit „subtilen Gesichtsausdrücken“ oder dergleichen zu begeistern :-). Was Hardy also bleibt, ist, seine beachtliche körperliche Präsenz und seine Stimme einzusetzen, wobei letztere, sowohl im Original als auch in der Synchro, „Masken-bedingt“ verfremdet rüberkommt, was aber leider ab und an einen kleinen stimmlichen „*Mickey Mouse*-Effekt“ ergibt, der manchmal sogar leicht komisch, auf jeden Fall aber *unnatürlich*, ist. Jedenfalls hat Bane auf keinen Fall eine charismatische „*Darth Vader*-Stimme“ oder dergleichen :-).

Die angesprochene körperliche Präsenz Hardy's zündet aber ungemein und sein Bane wirkt allein schon *körperlich extrem bedrohlich und unheimlich* – so unheimlich und bedrohlich, wie *kaum* eine Figur der Filmgeschichte, soweit *ich* mich jedenfalls erinnern kann. Alle Bane-Auftritte im Film sind äußerst *unangenehm* und man wünscht sich, einer solchen Figur selbst *nie* zu begegnen, was sicherlich Nolan's und Hardy's angestrebter Effekt war.

Bane, der, wie sich herausstellt, ein „Ex-Mitglied" von Ra's al Ghul's „Gesellschaft der Schatten" ist, ist so etwas wie ein grausamer *Warlord*, der Gotham City jener Bestimmung zuführen möchte, die Ra's al Ghul für Gotham schon in *Batman Begins* vorgesehen hatte, nämlich der *völligen Vernichtung*. Zuvor will Bane aber mit Gotham noch seinen „Spaß" haben, was er auch dem schwerverletzten Batman/Bruce Wayne mitteilt, der ihm in einem Kampf unterlegen ist und den er in ein exotisch-unterirdisches Gefängnis ins Nirgendwo verfrachtet hat, in dem er selbst einst inhaftiert war:

BANE

Du kannst mir zusehen, wie ich eine ganze Stadt foltere.

(You can watch me torture an entire city.)

[*Anmerkung*: Bane spricht die Tatsache an, dass Wayne im Gefängnis gezwungen wird, im TV ständig die

Berichterstattung über die Ereignisse in Gotham City zu betrachten]

(aus: *The Dark Knight Rises*)

Tatsächlich präsentiert uns Nolan im finalen Teil seiner *Batman*-Trilogie ein virtuos choreografiertes „*Kriegsszenario*“, in dem zum Schluss ganze Heerscharen von Polizisten gegen Bane's Schergen kämpfen oder, neben Batman und Catwoman, eben „Untergrundkämpfer“, wie Blake oder Gordon, gegen Bane und seine Söldnertruppe agieren. Fast könnte man meinen, dass *The Dark Knight Rises*, aufgrund seiner mitreißenden Machart und seiner teilweise wirklich einnehmenden „pathetischen Qualitäten“, der bessere *Kriegsfilm* sei als *Dunkirk* :-). Und wenn die Kamera in einer spektakulären Totalen wieder einmal eine Explosion in Gotham aus der Luft einfängt, dann fühlt man sich als Zuseher unweigerlich an 9/11 erinnert, und dieses „9/11-Feeling“ ist etwas, was Nolan schon in *The Dark Knight* vorbereitet hat. Gut, in diesem Zusammenhang, ich meine: im Zusammenhang mit dem *Internationaler Terrorismus-/Krieg gegen den Terrorismus*-Aspekt, wirkt der Film, was auch von einigen Exponenten der Film-

Kritik seinerzeit bemerkt wurde, manchmal etwas „überambitioniert“ und verstrickt sich in einige „Nebenschauplätze“, trotzdem spricht das Nolan-Werk viel mehr Wahrheiten über den „Krieg gegen den Terrorismus“ an, als sich das ein „realistischeres“ Werk vielleicht erlauben hätte können.

Interessant ist auch, dass Bane sich vor der Öffentlichkeit, heuchlerisch, als eine Art „Sozialrevolutionär“ ausgibt, der Gotham angeblich „befreien“ will und „den Leuten zurückgeben“. Die „Revolution“, die nach einem „Gleichgewicht der Zivilisationen“ trachtet und sich explizit gegen die „Dekadenz“ Gotham's richtet, wendet sich vor allem gegen die Reichen in Gotham City, deren Besitz als „Beute“ betrachtet wird, die es „gerecht aufzuteilen“ gilt. Nolan macht hier sozusagen den *schlimmsten Alptraum der reichen US-Amerikaner* wahr, nämlich, dass sich der „Mob“ eines Tages erheben und plötzlich die Straßen der reichen Wohnviertel entlangmarschieren könnte. Man könnte sagen, der innerste Halt der US-Gesellschaft, vielleicht sogar der ganzen (vor allem) westlichen Zivilisation, hängt davon ab, dass so etwas eben nicht passiert :-).

Der „Gipfel“ ist natürlich in der Folge auch, dass *ausgerechnet* ein Verrückter wie der anscheinend unverwüstliche Dr. Jonathan Crane, alias „Scarecrow", wiederum gespielt von Cillian Murphy, den Vorsitz in den „Tribunalen" führt, die jene über sich ergehen lassen müssen, die gegen diese „neue Ordnung" in Gotham verstoßen oder sich auflehnen.

In allen drei *Dark Knight*-Filmen entpuppen sich die *selbsternannten Revolutionäre*, wie Ra's al Ghul und seine „Gesellschaft der Schatten" oder wie der Joker (der in Wahrheit auch ein Revolutionär ist und das Verbrechen in Gotham „revolutionieren" will) oder eben wie Bane, aber als nichts Weiteres als *skrupellose Mörder*, deren Ideologie nur Vorwand ist, um in ihrem Namen zu *morden* – eine Art *Leitmotiv* der Trilogie, das *realistischer* nicht sein könnte!

Die äußerst gelungene „Schlussüberraschung" in *The Dark Knight Rises*, der dadurch auch nicht nur den Untertitel *Ra's al Ghul's Rache* verdient hätte, sondern überhaupt gleich *Ra's al Ghul's ultimative Rache* :-), ist das Faktum, dass die Geschäftsfrau „Miranda Tate" in Wahrheit „Talia al Ghul", die Tochter des von Batman in *Batman Begins* ins Jenseits beförderten Anführers der „Gesellschaft der Schatten", ist. Diese von Oscar-Preisträgerin Marion Cotillard (Hauptrollen-Oscar für ihre 2007er-Rolle als Edith Piaf in Olivier Dahan's *La vie en rose*/französischer Titel: La Mome) gespielte Figur, Cotillard war im Übrigen auch 2010 in Nolan's *Inception* zu sehen, führt nicht nur Bruce Wayne, bevor sie dann am Ende ihre wahre Identität zu erkennen gibt, in *The Dark Knight Rises* heimlich in den finanziellen Ruin, sondern sabotiert auch ständig heimlich die Versuche von Blake und Gordon und deren Mitstreitern, die Bombe zu finden, die Gotham, laut Bane's Ankündigung, bedroht. Spannend im Zusammenhang mit „Talia al Ghul" ist auch der Aspekt, dass Nolan uns fast bis zum Schluss darüber im Unklaren lässt, welchem *Kind* damals wirklich, einer Erzählung zufolge, die Bruce Wayne im Gefängnis von seinen Mithäftlingen ständig zu hören bekommt, als einziger Person jemals die Flucht aus diesem unterirdischen Gefängnis gelungen ist – Wayne (und auch der Zuschauer :-)) glaubt, dass es sich dabei um Bane gehandelt hat, in Wahrheit war es aber Talia al Ghul, die von dem Mithäftling Bane im Gefängnis, in das Talia's Mutter einst wegen ihrer Liebe zu Ra's al Ghul gebracht wurde und in dem diese gestorben ist, beschützt wurde. Bane's eigentliche Liebe zu Talia al Ghul ist aber eine, die wiederum von Ra's al Ghul nie toleriert wurde – aber das ist, um ehrlich zu sein, auch kein Element, das beide Figuren letztendlich *sympathischer* macht, sondern das riecht schon eher, wenn man's einfach nur so aufschreibt und nicht die filmische Umsetzung sieht, ein bisschen nach „*Soap Opera*-Verstrickungen“ :-). Wayne gelingt dann natürlich, nach einer gewissen Zeit der „Rekonvaleszenz“, mittels einer außergewöhnlichen Kletterleistung :-), *auch* die Flucht aus dem Gefängnis.

Jedenfalls stößt letztendlich Ra's al Ghul's Tochter, die dann später natürlich, wie auch Bane, den Tod findet, Batman, dem „Mörder“ ihres Vaters, aus heiterem Himmel, während er dabei ist, Bane in einem Kampf endgültig fertigzumachen, ein Messer in den Körper und gibt dann ein eindringliches Statement über die „Natur ihrer Rache“ an Batman/Bruce Wayne ab:

TALIA AL GHUL

Es ist das langsame Messer. Das Messer, das sich Zeit lässt. Das Messer, das wartet, jahrelang, ohne je zu vergessen. Und dann ganz behutsam zwischen die Knochen gleitet. Dieses Messer schneidet sehr tief.

(aus: *The Dark Knight Rises*)

EPILOG

Der folgende Dialog stammt aus *Batman Begins* und findet während jener Szene statt, in der „Bruce Wayne" Christian Bale in einem chinesischen Gefängnis das erste Mal auf „Ra's al Ghul" Liam Neeson trifft:

RA'S AL GHUL

Aber, wenn man mehr als einen Menschen aus sich macht. Wenn man sich einem Ideal verschreibt. Und wenn keiner Sie aufhalten kann, werden Sie zu etwas gänzlich anderem.

BRUCE WAYNE

Und das wäre?

RA'S AL GHUL

*Zu einer **Legende**, Mr. Wayne.*

Ich glaube nicht an Gott, ich glaube an Al Pacino.

(aus einem Interview mit Javier Bardem in der *Frankfurter Rundschau* 2010)

XI

WALTER FINCH (Robin Williams)
Keiner ist so einsam wie der, der nicht schlafen kann.
(Nothing as lonely as not sleeping.)

(aus: Christopher Nolan's *Insomnia*; 2002)

RACHEL CLEMENT (Maura Tierney)
Es gibt zwei Arten von Menschen, die in Alaska leben. Die einen, weil sie hier geboren sind, die anderen, weil sie hierherkommen, um vor etwas zu flüchten.

(aus: *Insomnia*; Tierney, die bekannt wurde als Krankenschwester/Ärztin „Abby Lockhart“ in der TV-Serie *Emergency Room* [1994-2009], zu deren Cast sie von

1999 bis 2009 gehörte, spielt in *Insomnia* eine Hotelangestellte, die irgendwie, als einzige, einen Draht zu Detective Dormer zu haben scheint)

WALTER FINCH

Ich bin nicht der, für den Sie mich halten.

WILL DORMER (Al Pacino)

Walter Finch. Schlechter Schriftsteller. Einsamer Freak. Mörder. Nicht?

(aus: *Insomnia*)

WILL DORMER

Sie sind ungefähr so geheimnisvoll für mich, wie eine verstopfte Toilette für irgendeinen blöden Klempner.

(Al Pacino zu „Walter Finch“ Robin Williams in *Insomnia*)

ELLIE BURR (Hilary Swank)

Keine Bewegung! Sie haben Detective Eckhart erschossen. Und Finch hat Sie dabei gesehen.

WILL DORMER

Ja.

ELLIE BURR

War das Ihre Absicht?

WILL DORMER

Das weiß ich nicht mehr.

(aus: *Insomnia*; Ausschnitt aus dem Finale am See)

Abgesehen davon, dass die allerletzte Frage, die sich in Christopher Nolan's *Insomnia*, meinem absoluten *Lieblings-Christopher Nolan-Film*, sowohl der Zuschauer als auch schließlich scheinbar als einzige die junge Polizistin „Ellie Burr", gespielt von Hilary Swank, stellt, nämlich, ob der Ermittler „Will Dormer" Al Pacino wirklich, inmitten einer Verfolgungsjagd, seinen Partner „Hap Eckhart" (gespielt von Martin Donovan) *versehentlich* oder gar *mit Vorsatz* erschossen hat, nicht restlos aufgeklärt wird, ist das Thriller-Meisterwerk des damals, also 2002, noch als „*Regietalent*" (so steht's zumindest auf der DVD-Uralt-Ausgabe von *Insomnia*, die ich besitze :-)) bezeichneten Nolan ein Film, bei dem man den Ausgang irgendwann, so *ab der Mitte* des Films, dann etwa gleich gut erahnen kann wie bei Max von Sydow's legendärem Schachspiel mit dem Tod in Ingmar Bergman's Filmklassiker *Das siebente Siegel* (1957; schwedischer Titel: Det sjunde inseglet). So wie man letztendlich erahnen kann, dass der Ritter Antonius Block, der eben von Max von Sydow gespielt wird (einem Schauspieler, für den die Bezeichnung „Filmlegende" wohl mittlerweile noch untertrieben wäre :-)), dem Tod (gespielt von Bengt Ekerot) in diesem Schachspiel *natürlich* unterlegen sein wird, denn: Wie bitte soll ein Schachspiel mit dem Tod schon groß anders ausgehen? :-), so kann man auch erahnen, dass am Ende von *Insomnia* weder Al Pacino noch Robin Williams, der den Krimi-Autor und Mädchenmörder „Walter Finch" spielt, mit dem Leben davonkommen.

Nun, einige Jahre nachdem Nolan mit *Memento* (2000) als Filmemacher das erste Mal so richtig auf sich aufmerksam gemacht hatte, einem komplexen „neo-noir psychological thriller film" mit Guy Pearce (bekannt aus Curtis Hanson's 1997er-Thriller-Meisterstück *L.A. Confidential*) und Carrie-Anne Moss (bekannt aus der *Matrix*-Trilogie der Brüder Andy & Larry Wachowski, die ja mittlerweile, nach dem Transgender-Coming out, zu *Lilly & Lana* Wachowski geworden sind), der über eine äußerst „innovativ-verwirrende" Erzählstruktur verfügt (zwei Handlungsstränge – einer in S/W, einer in Farbe; der in S/W läuft in der korrekten Reihenfolge der Szenen ab, der in Farbe in chronologisch entgegengesetzter Reihenfolge der Szenen – *klingt kompliziert und ist es auch* :-)), und einige Jahre vor *Batman Begins* (2005), dem Auftakt zur *Dark Knight*-Trilogie, waren die beiden US-Schauspiel-Ikonen Al Pacino und Robin Williams unter Nolan's Regie in *einem der besten Thriller der frühen 2000er-Jahre* zu sehen, den ich persönlich bis heute, unterm Strich, jedem anderen Nolan-Film vorziehe, ganz einfach auch aus dem Grund, weil *Insomnia*, im Vergleich zu anderen Werken des Regisseurs, irgendwie herrlich „unspektakulär" und „geradlinig" daherkommt. *Insomnia* ist schlicht und einfach ein, naja, *Thriller*, ein „Kriminalfilm", der in Alaska spielt :-).

Darüber hinaus steht Nolan's *Insomnia* am Ende einer sehr guten Phase in Pacino's Karriere. Und was den wunderbaren und unvergessenen Robin Williams (1951-2014) betrifft, so muss man sagen, dass *Insomnia*, neben Mark Romanek's Psycho-Thriller *One Hour Photo* aus dem Jahr 2002, in dem Williams einen psychopathischen Foto-Entwickler spielt, der seine Kunden stalkt, der *beste ausschließlich ernste Film* ist, in dem Williams je mitgespielt hat (Barry Levinson's *Ein anarchistischer Radio-Moderator in Vietnam*-Film *Good Morning, Vietnam* aus 1987 und Terry Gilliam's formidable „Grals-Suche" *The Fisher King*/dt.: König der Fischer aus 1991 haben dann doch zu viele komödiantischen Elemente und Peter Weir's „Schul-Film" *Dead Poets Society*/dt.: Der Club der toten Dichter aus 1989 mochte ich nie bzw. mag ich bis heute nicht wirklich :-)).

XII

Man müsste jeden fragen, der den beiden ersten *Godfather*-Filmen von Francis Ford Coppola, *The Godfather* (1972; Der Pate) und *The Godfather Part II* (1974; Der

Pate - Teil II), den Status als „Jahrhundertfilme“ aberkennen würde, ob er noch ganz bei Trost ist :-). Natürlich „überschattet“ Pacino's Performance als Mafiapaten-Sohn „Michael Corleone“ (die Rolle, die Pacino weltberühmt gemacht hat) ein wenig dessen Filmografie der 70er, aber mir persönlich gefällt Pacino zum Beispiel in Sidney Lumet's Polizeifilm *Serpico* (1973) oder in dem *Ein missglückter Banküberfall*-Film *Dog Day Afternoon* (1975; Hundstage), der wiederum von Sidney Lumet inszeniert wurde und auch zu den absoluten Meisterwerken des „New Hollywood“ gehört, irgendwie besser.

In den 80ern hingegen lief jetzt nicht unbedingt viel im Zusammenhang mit Pacino, denn William Friedkin's Thriller *Cruising* (1980), in dem Pacino als New Yorker Undercover-Cop fieberhaft einen Serienkiller im Schwulenmilieu sucht, ist zwar spektakulär, aber sicherlich kein „Must-See-Movie“. Und von dem Revolutionsfilm *Revolution* (1985; Regie: Hugh Hudson), *der* Revolutionsfilm-*Gurke* schlechthin, in dem Pacino mehr oder weniger als „Rambo des 18. Jahrhunderts“ (so bezeichnete jedenfalls der US-Kritiker Vincent Canby von der *New York Times* Pacino's „Tom Dobb“-Rolle) agiert, rede ich besser erst gar nicht :-).

Überraschenderweise zu einem Megahit und regelrechten „kulturellen Phänomen" entwickelte sich hingegen Brian De Palma's legendärer Gangsterfilm *Scarface* (1983; Drehbuch: Oliver Stone), in dem Pacino den kubanischen Einwanderer und späteren Gangsterboss Antonio „Tony" Montana spielt, der zum „Big Player" in der Welt des Kokain-Handelns mutiert, bevor er dann, in einer legendären Schlussszene, in einem wilden Kugelhagel den Tod findet. Die Figur des „Tony Montana" ist längst ein Teil der Popülärkultur geworden und geistert zum Beispiel auf T-Shirts oder, als „Referenz-Objekt", in Rap-Texten herum. Ich persönlich mochte De Palma's Werk, das eine *sehr freie* Neuinterpretation des *Howard Hawks*-Klassikers *Scarface* aus 1932 ist, nie wirklich, vielleicht deshalb, weil sich darin Oliver Stone's „Holzhammer-Tendenzen", Stone hat ja das Drehbuch geschrieben, mit De Palma's „visueller Langatmigkeit" vermischen (den unterschätzten Gangsterfilm *Carlito's Way* aus 1993, die zweite De Palma-/Pacino-Zusammenarbeit, finde ich da zum Beispiel weit gelungener).

Mein *Lieblings-Al Pacino-Film* ist aber dennoch ein Film aus den 80er-Jahren, nämlich Harold Becker's großartiger 1989er Neo-Noir Thriller *Sea of Love* (Sea of Love - Melodie des Todes). Darin kehrte Pacino, der sich nach dem Flop von *Revolution* eine vierjährige „Film-Auszeit“ genommen hatte, triumphal auf die Leinwand zurück und bildet zusammen mit Ellen Barkin *eines der besten Leinwandpaare der 80er-Jahre*! Oft wird ja davon geredet, dass die „Chemie“ zwischen zwei Leuten stimme usw. – nun, wenn jemals die „*Leinwand-Chemie*“ zwischen zwei Leuten gestimmt hat, dann zwischen „Detective Frank Keller“ Al Pacino und „Helen Cruger“ Ellen Barkin. Die Geschichte von *Sea of Love* ist letztendlich zweitrangig: Der New Yorker Detective Frank Keller muss eine Reihe von mysteriösen Morden an Männern aufklären, die allesamt nackt, mit dem Gesicht nach unten und mit zwei Kugeln im Kopf in ihren Betten aufgefunden worden sind, während sich der Song „Sea of Love“ von Phil Phillips & The Twilights (erschienen 1959) noch immer auf dem Plattenspieler gedreht hat. Im Lauf der Ermittlungen, die ins „Kontaktanzeigen-Dating-Milieu“ führen, trifft Pacino auf Barkin, wobei sich letztendlich herausstellt, dass nicht die von Barkin gespielte Helen Cruger, sondern deren pathologisch eifersüchtiger Ex-Mann (gespielt von Michael Rooker) ihre aus diversen Dates hervorgegangenen Lover nach dem Geschlechtsverkehr mit ihr gekillt hat (und das natürlich erst, als sie die jeweiligen Wohnungen schon wieder verlassen hatte). Aber wie gesagt: Das, die Geschichte, ist nicht wichtig, denn wichtig ist nur, dass Pacino und Barkin es in *Sea of Love* wunderbar schaffen, *erotische Anziehung* glaubhaft rüberzubringen, so glaubhaft, wie das in nur wenigen Filmen der Fall ist, so, wie vielleicht nur in einem Film, der seit langem *zum „erweiterten Kreis" meiner absoluten Lieblingsfilme* gehört, nämlich Jim McBride's Kriminalfilm *The Big Easy* (1987; The Big Easy – Der große Leichtsinn), in dem Dennis Quaid und, tja, wiederum Ellen Barkin die Leinwand förmlich *zum Knistern* bringen und sich somit einen All-Time-Spitzenplatz in der Kategorie *„Beste Leinwandpaare der 80er-Jahre"* sichern. Wer unterhaltsames und intelligentes „Kino für Erwachsene" mit sehr gut gespielten Erotik-Szenen mag, der soll sich, *nein* – nicht *9 ½ Weeks* (9 ½ Wochen) von Andrian Lyne aus 1986 mit Mickey Rourke und Kim Basinger ansehen :-), sondern eben *Sea of Love* mit Pacino und Barkin und *The Big Easy* mit Quaid und Barkin.

In den 90ern hatte Pacino dann, fast wie in den 70ern, wieder so etwas wie ein „goldenes Jahrzehnt", denn es fällt beinahe ein wenig schwer, lediglich eine strenge Auswahl der allerbesten Pacino-Filme der 90er zu treffen. Sicher ist nur, dass ausgerechnet der Film, für den Pacino *endlich* den Hauptrollen-Oscar gewonnen hat, nämlich *Scent of a Woman* (1992; Der Duft der Frauen) von *Beverly Hills Cop*

(1984)-Regisseur Martin Brest, ganz sicher nicht zu den besten Pacino-Filmen gehört – für *mich* jedenfalls, denn ich konnte mit diesem in Pathos triefenden Remake des italienischen Films *Der Duft der Frauen* (1974; italienischer Originaltitel: Profumo di donna; Regie: Dino Risi) mit Vittorio Gassman noch nie sonderlich viel anfangen :-).

Ein Meisterwerk ist und bleibt hingegen Michael Mann's grandioser und epischer *Räuber und Gendarm*-Thriller *Heat* (1995), der so etwas wie ein „Jahrhunderterereignis" für den Filmfan bietet :-), nämlich ein *unmittelbares* (*Anmerkung*: In *The Godfather Part II* spielte De Niro seinerzeit den jungen Vito Corleone, also den Vater von Michael, der nur in längeren Rückblenden vorkommt; eine gemeinsame Szene zwischen De Niro und Pacino gab es damals nicht) Aufeinandertreffen von „Gendarm" Al Pacino und „Räuber" Robert De Niro. Das ist, rein *qualitativ* – nicht, was die Rollenverteilung in Gut und Böse betrifft, ein wenig so, als ob sich *Batman* und *Superman* treffen würden :-) (was sie ja, wie ich bereits in Abschnitt 3 meines Artikels geschrieben habe, in Zack Snyder's etwas „seelenlos" geratenen Film *Batman v Superman: Dawn of Justice* aus 2016 auch machen :-)).

Ein unbedingt sehenswertes Pacino-Werk aus den 90ern ist dann auch noch der Mystery-Thriller *The Devil's*

Advocate (Im Auftrag des Teufels) aus 1997 von *An Officer and a Gentleman* (1982; Ein Offizier und Gentleman)-Regisseur Taylor Hackford, in dem Pacino schlicht und einfach den *Teufel* selbst spielt, der sich aber das Antlitz des erfolgreichen New Yorker Rechtsanwaltskanzleibesitzers „John Milton" gibt. Dieser macht dem jungen Anwalt „Kevin Lomax", gespielt von Keanu Reeves, ein äußerst lukratives Angebot, damit Lomax für ihn zu arbeiten beginnt. Dieser „Pakt mit dem Teufel", den Reeves da zunächst unwissentlich eingeht, kostet in der Folge aber auch seiner Film-Ehefrau Charlize Theron die geistige Gesundheit und schließlich ihr Leben. Ein toller sowie witziger Moment ganz am Ende des Films ist dann, als Pacino direkt in die Kamera spricht und, in Bezug auf Reeves, meint: „*Eitelkeit, eindeutig meine Lieblingssünde*". Dann lächelt er und der Abspann beginnt - zu den Klängen von *Paint It Black* (1966) von den *Rolling Stones*! *I see a red door and I want it painted black...* :-)

XIII

WILL DORMER

Die Leute verraten sich bei geringfügigen Delikten genau auf dieselbe Art wie bei Mordfällen. So ist die menschliche Natur. Wollen Sie sich das nicht aufschreiben?

(lächelt)

(Al Pacino zu „Detective Ellie Burr" Hilary Swank in *Insomnia*)

Gut, Sie haben schon Recht! :-), das Aufeinandertreffen von Al Pacino und Robin Williams in Christopher Nolan's filmischem Meisterstück *Insomnia*, im Übrigen ein Remake des *norwegischen* Films *Insomnia* (1997; Todesschlaf) von Erik Skjoldbjaerg, ist im Grunde nicht weniger spektakulär als das von De Niro und Pacino 1995 in *Heat*!

Abcr: Dass der ganze Film zu so einem „Glücksfall des Thriller-Genres" geworden ist, ist *auch* der grandiosen Regieleistung von Christopher Nolan und *auch* zweifellos wiederum der eindrucksvollen Kameraarbeit von Nolan's Stammkameramann Wally Pfister zu verdanken. Allein die

Eingangssequenz des Films, in der das Flugzeug, das Pacino und Martin Donovan, der eben jenen „Detective Hap Eckhart" spielt, den Pacino absichtlich *oder* unabsichtlich während einer Verfolgungsjagd im ersten Filmdrittel erschießt, in das Städtchen „Nightmute" in Alaska bringt (der, wie es einmal im Film heißt, „*Welthauptstadt des Heilbutt-Angelns*" :-)), über eine Art „Miniatur-Gebirgskette" aus Eis fliegt, ist visuell *atemberaubend*. Denn: Man hat tatsächlich den Eindruck, als würde das Flugzeug über eine Art „Eisplaneten" fliegen, der voller kleinerer „Eisgebirgsketten" ist. Würde man nicht annehmen, dass Alaska anscheinend solche unglaublichen Landschaften zu bieten hat, man würde glauben, man befände sich auf einem dieser eindrucksvoll ausgearbeiteten Planeten in Nolan's Science Fiction-Film *Interstellar* von 2014!

Der Grund für die Alaska-Reise der Hauptfigur Dormer ist der Mord an einer 17-jährigen Schülerin namens Kay. Diese wurde, wie Dormer selbst eigentlich relativ schnell herausfindet, nur kann er eben bald aus gewissen Gründen sein Wissen nicht mit anderen teilen, von dem Schriftsteller Walter Finch, der von Robin Williams wunderbar „komplexbeladen" dargestellt wird, ermordet – und das, wie Finch den ganzen Film über behauptet, aus einer Art

„Affekt“ heraus, weil sich die Schülerin, als dessen „Mentor“ er sich einmal gegenüber Dormer bezeichnet, über ihn lustig gemacht hat bzw. über seine Annäherungsversuche gelacht hat.

Die ganze Dienstreise nach Alaska stellt für „Detective Will Dormer“ Al Pacino aber auch eine willkommene Flucht dar, denn in Los Angeles ist die Dienstaufsicht hinter ihm her, da sie ihm unterstellt, Beweismittel gefälscht und damit einen Sexualstraftäter und Kindermörder nicht ganz legal hinter Gitter gebracht zu haben. Dormer sieht mit dieser Verfolgung durch die Dienstaufsicht sein „Lebenswerk“ gefährdet, da eine Verurteilung seinerseits auch bedeuten würde, dass viele der von ihm überführten Straftäter im Nachhinein eventuell wieder freikommen würden. Ein Problem im Zusammenhang mit der Dienstaufsicht stellt aber auch sein Partner Hap Eckhart dar, der mit der Dienstaufsicht, wie er Dormer auch mitteilt, einen „Deal“ machen will, um selbst aus dem Fokus derselben zu verschwinden. Während eines Tischgesprächs in dem Restaurant dcs Hotels, in das die beiden in Nightmute einchecken, treten erste Spannungen zwischen Dormer und Eckhart auf und Dormer spricht sofort „Klartext“:

WILL DORMER

Mein Leben. Du kannst...du kannst es zerstören. Einfach so. Wozu? Wozu? Damit irgendein Blödarsch von der Dienstaufsicht schneller Polizeichef wird? Oder, damit er Golf mit dem Bürgermeister spielen kann? Oder was weiß ich für'n Scheiß!

(aus: *Insomnia*)

Hap Eckhart wird, wie bereits mehrmals erwähnt, eben von Martin Donovan gespielt, einem Schauspieler, der heutzutage irgendwie ein wenig von der Bildfläche verschwunden ist, der in den 90ern aber speziell in den wunderbaren Filmen des US-Independent-Film-Regisseurs Hal Hartley einige starke Auftritte hatte – so zum Beispiel in *Simple Men* (1992) oder in *Amateur* (1994). Vor allem Hartley's originell-witziger Thriller *Amateur* hatte es mir in den 90ern ein wenig angetan, denn das Zusammenspiel von Donovan und seiner Filmpartnerin Isabelle Huppert, die darin eine Frau spielt, die aus einem Kloster ausgetreten ist und sich nun dem Verfassen pornografischer Literatur widmet :-), ist absolut sehenswert. Im Zusammenhang mit Donovan drängt sich jetzt aber wahrlich auch eine andere

Frage auf: *Wo zum Teufel ist Hal Hartley eigentlich hingekommen?* Denn: Independent-Filmer wie er werden in der Gegenwart wirklich *schmerzlich* vermisst!

Die zentrale Szene von *Insomnia*, die sozusagen den Dreh- und Angelpunkt des Films darstellt und in der „Will Dormer“ Al Pacino seine „Ur-Sünde“ begeht, mit der man nicht so einfach davonkommt, ist aber dann die eindrucksvoll inszenierte „Nebel-Szene“, in der Al Pacino, während allesamt „Walter Finch“ Robin Williams verfolgen, der zum Mord-Tatort zurückgekehrt ist, Martin Donovan, mit einer Zweitwaffe, erschießt.

Absicht? Vorsatz? Man weiß es nicht – und Pacino weiß es auch nicht, den ganzen Film über nicht. Der sterbende Eckhart hingegen unterstellt ihm sofort das Naheliegendste:

HAP ECKHART

Du wolltest mich erschießen. Verdammt, du hast...

WILL DORMER

[…]

Ich konnte dich nicht sehen in dem Nebel. Ich konnte dich...ich konnte dich nicht sehen.

(aus: *Insomnia*)

Kein US-Filmemacher, auch nicht Nolan, kann eine Cop-Figur, die, wie gesagt, *die* „Cop-Ur-Sünde" schlechthin begeht, nämlich einen anderen Cop zu erschießen, davonkommen lassen. Das geht allein schon „Hollywood-technisch" schlecht, wäre aber auch ganz allgemein „Dramaturgie-technisch" fragwürdig und würde auch den Zuseher mit einem seltsamen Gefühl zurücklassen. Der *einzige* Fall, wo anders gehandelt wurde und wo die Hauptfigur, der Cop „Vic Mackey" (eindrucksvoll gespielt von Michael Chiklis), aufgrund seiner Amoralität und letztendlich „Geschicktheit", mit dieser „Ur-Sünde" des „Cop killt Cop-Mordes" davonkommt, ist die unbändig radikale Fernsehserie *The Shield* (2002-2008; The Shield – Gesetz der Gewalt), die im Stadtteil Farmington in Los Angeles spielt und die man getrost als *eines der größten, aber auch kompromisslosesten Meisterwerke der Fernsehgeschichte* bezeichnen kann. Ich selbst kenne jedenfalls keine andere Serie, die, wie *The Shield*, sieben Staffeln lang *keinerlei* Qualitätsschwankungen oder Qualitätsverlust erleidet! Aber, *natürlich*, hat diese Serie im deutschsprachigen TV wieder mal niemanden interessiert :-). Glauben Sie mir: Wenn Sie Cop-Serien mögen und es Ihnen nichts ausmacht, dass es darin *härter* zur Sache geht, denn das von Drogen- und Bandenkriminalität dominierte Farmington ist nun mal nicht Beverly Hills :-), dann haben Sie etwas verpasst, wenn Sie *The Shield* nicht kennen!

XIV

Nun ja, „Will Dormer" Al Pacino kann in *Insomnia*, wie der Titel schon andeutet, nicht schlafen, und das die ganzen Nächte über, die er in Nightmute/Alaska verbringen muss, die gar keine Nächte sind, weil es dort, jahreszeitlich bedingt, keinen wirklichen Lichtwechsel zwischen Tag und Nacht gibt. Sein Gewissen plagt ihn, noch stärker natürlich nach dem „Mord" an Eckhart oder eben dem „tragischen Unfall" mit Eckhart, der im Übrigen von „Elli Burr" Hilary Swank untersucht wird, die zunächst ein „ergebener Fan" der „Legende" Dormer ist, dann aber bald

Zweifel an seiner Schilderung der Ereignisse um Eckhart's Erschießung bekommt.

Was sich für Dormer vielleicht ursprünglich wie ein Neubeginn angefühlt hat, ein Fall weit weg von der Dienstaufsicht sowie die Beseitigung des „Problems Eckhart", erweist sich letztendlich, wie das halt oft so ist, nur als der Anfang vom (eigenen) Ende. Die Szenen, in denen Pacino einsam, nur allein mit seinen Dämonen, in seinem Hotelzimmer liegt, gegen seine permanente Schlaflosigkeit (und gegen seine Erinnerungen) kämpft, versucht, die Fenster des Hotelzimmers zu verdunkeln und sich so gegen das „ewige Tageslicht" zu schützen, sind die *melancholischen* Höhepunkte des Films. Ich würde überhaupt so weit gehen, zu sagen: So gut wie Christopher Nolan in *Insomnia* hat Pacino selten ein Regisseur in Szene gesetzt, außer vielleicht Sidney Lumet in den 70ern, in *Serpico* und *Dog Day Afternoon*.

Heimgesucht wird Dormer aber, neben der Schlaflosigkeit, in die sich immer wieder auch Schlafentzugs-bedingte Halluzinationen mischen (die vom Duo Nolan/Wally Pfister Kamera-technisch hervorragend umgesetzt sind), auch noch von einer zusätzlichen *Plage*, nämlich von dem Mörder Walter Finch, der den tödlichen Vorfall mit Eckhart beobachtet hat und Dormer mit seinem Wissen darüber erpressen will (was letztendlich darauf hinauslaufen soll, dass „Randy Stetz“, der gewalttätige Freund des von Finch ermordeten Mädchens, der von Jonathan Jackson gespielt wird, als Täter überführt werden soll – was dann letztendlich auch im letzten Film-Drittel geschieht). Die nächtlichen Anrufe von „Walter Finch“ Robin Williams bei „Will Dormer“ Al Pacino im Hotelzimmer sind weitere Highlights des Films. Hier ein Ausschnitt aus einem dieser Anrufe:

WALTER FINCH (nur Stimme über Telefon)

Wie halten Sie sich? Nicht so einfach, zu arbeiten, wenn man drei Nächte nicht geschlafen hat. Man kann sich nur schwer konzentrieren. Haben Sie schon Halluzinationen? Kleine Blitze und so? Irrlichter? Sehen Sie Ihren Partner?

(aus: *Insomnia*)

Später treffen sich Pacino und Williams dann auf einer Fähre und es kommt zu einer denkwürdigen Unterhaltung, die, was den „filmhistorischen Wert“ betrifft, fast an das

„Jahrhundertereignis“ der Kaffeehaus-Unterhaltung von Pacino und De Niro in Michael Mann’s *Heat* anschließen kann. Finch spielt, unter anderem, in dieser Unterhaltung gezielt mit Dormer’s eigenen „Unklarheiten“ in Bezug auf die Erschießung Eckhart’s:

WALTER FINCH

Was war das für ein Gefühl, als sie sahen, dass es Hap war? Schuld? Erleichterung? Auf einmal frei von allen Sorgen. Ist Ihnen davor nie sowas in den Sinn gekommen? Ich meine, wie es wohl sei, wenn er plötzlich nicht mehr da wäre? Und das bedeutet nicht, dass Sie’s mit Absicht getan haben.

(aus: *Insomnia*)

Nun, Dormer spielt zwar einige Zeit lang Finch’s Spiel mit, versucht aber letztendlich so etwas wie seine völlig im Zerfall begriffene „Cop-Seele“ zu retten und will Finch am Ende von *Insomnia* zur Strecke bringen. Im grandiosen Finale kommen, wie erwartet oder abzusehen, aber beide,

Finch und Dormer, ums Leben – sie erschießen sich gegenseitig. Wobei: Der tote „Finch“ Robin Williams unter der Wasseroberfläche eines eiskalten Sees liegend, das ist ein *denkwürdiger* Anblick – und *eines der besten Bilder, eine der besten Kameraaufnahmen des gesamten Films*!

Dormer erhält kurz vor seinem Tod noch eine Art „Freispruch“ von „Ellie Burr“ Hilary Swank, die beim Finale ebenfalls mit vor Ort ist. Die zweifache Oscar- und Golden Globe-Preisträgerin Swank, sie erhielt die Preise jeweils für ihre Hauptrollen in den Dramen *Boys Don't Cry* (1999; Regie: Kimberly Peirce) und *Million Dollar Baby* (2004; Regie: Clint Eastwood), bildet in *Insomnia,* als junge Polizistin Ellie Burr, so etwas wie „die letzte aufrechte Bastion des Widerstandes“ gegen den moralischen Irrsinn der beiden Hauptfiguren. Sie kauft Dormer seine Geschichte letztendlich nicht ab und findet am Tatort im Laufe des Films sogar die Patronenhülse, die von der Kugel stammt, die Dormer aus seiner Zweitwaffe auf Eckhart abgefeuert hat. Aber auch Finch, vom dem man schließlich eines seiner Bücher im Rucksack des Opfers Kay gefunden hat, kommt ihr verdächtig vor und in der „Pseudoverhör-Szene“ in der Mitte des Films, in der Pacino und Williams Theater spielen und so tun, als würden sie sich nicht kennen, ahnt sie schon, dass etwas mit den beiden nicht stimmt bzw., dass sich die beiden vielleicht doch (schon) kennen. Angesichts des sterbenden Dormers kommen ihr aber dann doch folgende Worte über die Lippen, die sich auf die „Eckhart-Geschichte" beziehen:

ELLIE BURR

Sie wollten das nicht tun. Ich weiß es. Auch wenn Sie es nicht wissen.

(aus: *Insomnia*)

Burr will letztendlich sogar noch die Patronenhülse wegwerfen, die Dormer überführen würde, dieser aber bittet sie, dies nicht zu tun, denn Burr soll nicht den Weg beschreiten, den er gegangen ist.

„Will Dormer" Al Pacino findet dann in Alaska, an einem Ort, an dem er den ganzen Film über *nicht* schlafen konnte, schließlich den *„ewigen Schlaf"*. Denn, wie bereits gesagt: Für Pacino's Alaska-Trip in Christopher Nolan's Meisterwerk *Insomnia* gilt, was letztendlich für viele vermeintliche „Comebacks" auch gilt: *Was sich ursprünglich vielleicht wie ein Neubeginn angefühlt hat, war nur der Anfang vom* ***Ende****.*

(September/Oktober 2018)